聂作平 著

The
Time
to Be Remembered

光陰紀

成都小镇书

成都时代出版社
CHENGDU TIMES PRESS

目录 Contents

某人她们平乐

我打算在平乐买套房。平乐是距成都100公里的邛崃市下辖的一座镇。40岁以前，我从没去过那里。在并非自己成长或生活之地的异乡买房，这大概是近十多年才兴起的时尚吧？比如，成都人喜欢到西昌买房、到海南买房。蜀犬吠日，盆地向来阴冷，近则西昌，远则三亚，都有令成都人艳羡的一颗又一颗打在身上叮当作响的金子般的好阳光。从盆地挪出去的半截发霉的身子，一下子就酥了，软了，轻了。

　　但我的情况却不是这样。与成都相比，平乐同样阴冷、潮湿，甚至，因为更靠近大山，更靠近来来往往的烟岚，它还会多一些寒意。

　　我打算在平乐买套房，仅仅因为，这里是某人的故乡、老家、祖居之地。所谓某人，是我对娃他妈的戏称。

　　娃他妈，或者说某人，在平乐生活了十七八年，直到考上大学才离开。如果从她上溯，她们老周家在平乐的历史可以追寻到清朝初年，也就是湖广填四川那阵子。说是湖广填四川，其实迁居四川的外省人中，江西人占了很大比重。某人她们世居的那条街就叫江西街，想必那条街就是当初江西移民最集中的地方。

　　"那就是我们家。"有一天，某人和我走在江西街上，突然指着不远处的一栋房子，不无惆怅地对我说。她说的"那就是我们家"，其实已经不是她们家了，在她生活过近二十年的地方，另外的人在继续另一种生活。那是一栋古老的立料建筑，木制的墙壁和板门、青瓦、吊脚楼，破旧而又古意盎然。在这座号称古镇的镇子，这样原汁原味的老建筑也并不太多。倘是如今，稍事修整和设计，便可摇身一变，变成颇具风味、要价不菲的民宿。我问某人，当时为什么要卖了呢，难道没想过增值？某人幽幽地说，那时我又不认识你。再说，那时平乐的旅游才刚起步，谁知道它会这么火？

其实我知道，某人把老屋卖了的更深层次的原因。她的父亲不到五十岁就突发疾病早逝，某人大学刚毕业，在成都上班，不放心母亲一个人住在镇上，遂接来成都。故乡的老屋，一旦没了人气，衰老得比人还快。家猫掀瓦，野鼠打洞，不出半年，老屋竟然破败得如同废弃多年的荒庙。所以，某人就贱价出售了。从此，她虽然熟悉平乐的一街一巷，却不能算平乐人了。

我的不曾蒙面的岳父，安葬在平乐镇旁的山上。岭多篁竹，漫山青翠翻滚。倘是晴天，走在林子里，能听到此起彼伏的笋壳掉到地上的咔嚓声；倘是雨夜……雨夜，我是不敢去那荒山的。但依凭我在故乡的经验，雨夜的竹林，风过枝摇，雨压叶漏，凄凉中有一种说不出的恐惧。山上到处都是低矮的坟茔，大多没有碑，唯岳父的坟前树了一方。碑上的字出自乡下石匠，乍一看，像瘦金体，细一看，春蚓秋蛇，极是别扭。

坟茔集中在两山之间的沟槽里，风水上说，这叫太师椅。属于某人家族的就有好几座。以至每年上坟，我总分不

清黄土下安眠的那个先人，和某人到底是什么关系。我只管小心地把鞭炮挂在一根横斜的枯枝上，鞭炮炸响，闪着光，惊飞了一群鸟雀，落在一箭之外的土坡上，不满地用叽叽喳喳表达被扰了清梦的抗议。寒风吹拂，新铺到坟头的纸钱轻轻卷起，飞一飞，旋又被坟上长势良好的青蒿拦下。

前往岳父的坟，要经过镇边一条坑坑洼洼的公路。路旁，有家酒厂，糟味扑鼻。是度数很高、能当酒精涂抹伤口的高粱酒。一杯下去，立即面热心跳。有人把它叫烧刀子。据说，岳父生前也是要喝几杯的。我和某人认识时，有一年，杨宗鸿送了我几瓶上好的郎酒，我转送某人，说，给你老爹过年喝吧。某人神色有异，当时也未细想。后来，她说，那时她爹刚去世几个月。

大概是为了就近利用酒糟，酒厂旁边，是一家小型养猪场。大老远，空气中就有一股刺鼻的猪粪味儿，猪们傲慢的哼唧声也同步传来。一条小路从公路上分岔，通往山上，养猪场的粪水自歪斜的围墙下漏出来，淹了足有几十米长的一段路。路上，谁人在满地粪水中胡乱立了些半截砖头，如同粪水海洋里遥相呼应的群岛。某人穿着高跟鞋，小心翼翼地，像走钢丝一样在一块接一块的砖头上挪。我开玩笑说，

G u a n g
Y i n 光
J i 阴
纪

她像一只舞蹈的鹤。岳母开始抱怨：龟儿子些，只晓得挣钱，就不晓得别人进出不方便。天上突然下起了小雨，从近在咫尺的竹林里传来鹧鸪清亮的叫声。辛弃疾说过，它叫的是"行不得也，哥哥"。稼轩在他的词里，借这种大如鸽子的南方鸟儿表达过内心的惆怅：江晚正愁予，山深闻鹧鸪。

当然，这是好些年前的往事了。去年，酒厂和养猪场神奇地消失了，坑坑洼洼的公路变得宽阔、笔直。就连上山的小路也拓宽了，足以通过三轮。粪水横溢的养猪场对面，是一片新开的停车场。一个酒糟鼻老头，嘴里叼根细长的竹制烟杆，烟雾弥漫，他的脸顿时隐在一团薄雾后面。老头像个刚登基的国王，气派地挥动粗糙的大手：倒、倒、倒……球不得了。砰一声，一辆车的屁股碰到了矮墙。墙下，一只午休的黄狗张皇失措地睁开眼，站起来，像个迷茫的孩子一样望着老头。老头一脚踢过去：狗、狗、狗日的，你看、看、看个球！

有一天，我站在桥上看风景。那是一座年事已高的石头砌成的桥，桥呈赭红色。石头缝隙里，顽强地钻出一丛丛青草。风吹草动，倒映在桥下的江水里，把江水搅得稀烂。

桥边有一株硕大的黄桷树。有多大呢，大概总得七八个人才能合抱吧。树上挂满红布。据说有人相信，这种年龄的树都已成精，而成精的树有灵魂、有法力，挂上红布，就能为挂红布的人辟邪、消灾、祈福、求善。但某人却说，这习俗是近年才有的。她们小时候，常常像只猴子那样爬到树上，吊着双腿坐在树丫上，唱一首"在那山的那边海的那边有一群蓝精灵，他们活泼又聪明"的歌。夏天的傍晚，溪云初起，红日沉山，渐渐墨黑的天空变幻出无数可怖的图形。某人以为，那就是蓝精灵。一同坐在树上的伙伴已经溜下树回家了，她还在张望天上的蓝精灵。

那时候，树下这条江——名叫白沫江，我给某人开玩笑说，叫口吐白沫江——比现在更宽，更急，也更深。那时候，还有修长的木船，载了山货，从上游的夹关缓缓驶来。船头，站着精瘦的水手，黑而光滑的身子，像是一匹在夜间铺开的绸子。有时也会有木排，碗口粗的树木扎成排，乘着汛期，也从上游急不可耐地冲撞下来。镇子对岸有一片回水的沙滩，是孩子们嬉戏的天堂。螃蟹在岩穴深处纳凉，狡猾的小黑鱼一看到人影子，箭一样射进深水。某人说，她曾经和几个小女孩到水里游泳，花花绿绿的裙子脱在岸上，竟然被一个妇人拿走。她们追上妇人，妇人狡辩说，我以为是没人要的呢！

七月半，鬼乱窜。那是逝去的亡魂一年一度回人间探亲的日子。那半个月里，暑气蒸腾，沾着铁锈边儿的月亮越变越圆。月光下的白沫江两岸，吊脚楼和黄桷树都倒映在河里，水面升起一些又薄又潮的雾气，像是亡魂们聚在一起亲切地拉家常。某人的父亲那时当然还在。某人说，她的父亲拉着她，提了纸钱和水饭，到白沫江边，捡一个僻静去处，把纸钱焚化，把水饭布施，给那些无家可归的亡魂。至于有家可归的，也就是有子息的死者，他们的子孙会在家中的庭院或是客厅的角落，同样焚化一堆纸钱，并摆一桌稍微丰盛的酒饭。夜深了，白沫江边燃起的纸钱的火光渐次熄灭，河风吹来，纸钱的白灰追随着一只只巴掌大的蝴蝶在夜色里慢慢地飞。某人的整个童年都笼罩在这种神秘与敬畏中。

如今的白沫江两岸，新起了高高低低的楼房。为了和古镇定位合拍，楼房一律都是仿古的，一些黄桷树或其他树挤在房屋与房屋之间，江面平缓，江流宛转，沙滩面积扩大了，成为绿草萋萋的芳甸。相距不远，就有石梯从街面通向江边，沿江的堤岸上，树和房屋投下重重的阴影。倘是天气晴好时，沿江都是悠闲的茶客，或打牌，或闲谈，或静坐。时光缓慢，如同那只蹲伏在桥头的大白猫，它懒懒地叫。懒得每两声之间，总要停上半支烟工夫，你以为它不会再叫了，结果，它又叫一声。

我多次溯了白沫江向上游而行，它是从附近的天台山深处汇涓流而成河的。在平乐，水势变得浩大，冲积出这片山间的坝子，或者说微型平原。坝子两边都是起伏的青山，坝子就在两列青山的耸峙中，保留了无以言表的平坦。镇外的田野，都是精耕细作农业区。四季轮回，大地上的作物依次粉墨登场，乱中有序：小麦、大豆、玉米、高粱、水稻、红苕，间之以流水般出现又消失的瓜果和菜蔬。方方正正的农舍点缀在青碧的原野上，像是绿网网住了一只只白色或黄色或灰色的甲虫。

某人家住街上，却在镇外有土地，户口也属农村，这是一件颇为奇怪的事。不过，到某人这一代，其实已经远离了农业，远离了田野的稼穑与桑麻。岳父用自家的房子开了一间杂货铺，田地交给亲戚。某人名义上考入大学后才转了非农户口，但究其实质，她早不是农民。她住在花花绿绿的镇上，有电影院、戏台子、医院和商店的镇上。

我却是在农村长大的。吾少也贱，颇能鄙事。五月光景，秧苗已封林，玉米还差点火候就可收获，桑叶肥厚，天气日甚一日地热。平乐镇外，万物生长。我蹲在稻田边，听见稻田深处一只秧鸡轻盈而随意地叫，仿佛就是儿时在我的老家王场听过的那一只。云气从天台山那边纠结而来，天空溅过一阵惊雷，一场大雨志在必得。

半个时辰后，我已坐在镇上的一家茶馆里。茶馆的一面墙都是没有玻璃的窗户，正对白沫江。大风吹来，扑面都是青草的清凉。河里刚才还来来往往的游乐小船都已靠岸。大雨如注。一个少女撑着红伞款款走过古桥，风吹起她的红裙子，像是雨中一道扯人眼球的闪电。慵懒的大白猫不见了，它已蹿进邻近的商铺，躲在木板门后面，睁大眼睛望着从屋檐上渐渐滴成了串的雨水。

平乐这个名字，原本为平落，取平沙落雁之意——白沫江畔那些有草有花的沙洲，想必是大雁们生儿育女的好地方。但是，据说有领导认为"落"字不吉利——他大概不知道平沙落雁这个典故，而手下人一般是不敢给上司普及文化

常识的，领导就决定把平落改为平乐。领导说，平乐，就是平安快乐嘛。像是过年互致的吉语，却没了原初的韵味。当然，领导总是强大得无所不能的，他说要有平乐，就有了平乐。但是的但是，后来又换了新领导，新领导想必是知道平沙落雁的，于是拍板把平乐改回平落。改来改去，民间却已习惯了平乐。所以，到底平落还是平乐，本地人都众说纷纭，外地人更是一头雾水。

我向平乐街头一个吃水烟的老头打听铁屎坝。然后，我找到了镇边骑龙山上的一座小山坡。"铁屎"是方言，意指炼铁后的废渣。在铁屎坝，铁渣、铁屑，以及明显高温燃烧过的泥土，还有前几年发掘出的一座几乎完整的古代铁炉，都证明了平乐曾经的繁华——这繁华足以推到两千多年前的西汉。那时候，某人的先祖还在江西，还与这片逍遥的土地没有任何牵连。

在邛崃，卓王孙是一个足以写进历史并让后人骄傲的名字，当然不仅仅因为他是美女加才女卓文君的老爹。冶铁世家的卓氏家族，被一纸诏命，从中原地区的赵国迁居到边僻的邛崃。因祸得福。平乐一带埋藏着极为丰富的铁矿，先进的冶铁技术配以廉价而丰富的资源，卓氏家族想不发达都不行。到了卓王孙时代，一个拥有上千名仆人的钟鸣鼎食的华丽家族出现在邛崃。铁屎坝，就是那场华丽往事的见证。

只不过，时过境迁，已经鲜有人知道这段历史。即便是镇上的人，我向其中几位打听铁屎坝，他们都要纠正：铁屎坝？你说的是台子坝吧？台子坝，那是镇中心的一个地方。那里，有一座上百年的戏台子。以往，逢年过节，总要上演才子佳人的悲欢离合。那里，离凡俗生活要近得多。

与铁屎坝互为佐证与配伍的，是一段古道的遗址。同样在镇外，在小山之巅，竹林掩映的古道上满是比碗口还大的石头。这些石头显然是后来通过想象加上去的，目的是要让它更像古道一些。殊不知，真正的古道不可能有这么大的石头，即便有，也早被时光风化、解体。这条古道属于南方丝绸之路的一段。

出产于成都及邛崃周边的丝绸，出产于邛崃的茶叶和铁器，以及大名在外的邛窑烧制出的瓷器，它们就通过这条几尺宽的小路，溯白沫江而上，先是抵达天台山脚下的夹关，然后顺着天台山的一道垭口，翻过山岭，进入雅安地界。到了雅安，古道开始分岔，往西的，从天全可到藏区，那就是常说的茶马古道了；往南的，从西昌到云南，再从云

南走出国境。那些生长在平乐周围山坡上的茶叶，当它们还是一芽嫩嫩的叶子时，它们完全不会想到，竟然还有那么长的路要走。走着走着，茶叶就老了，熟了，而平乐就远了，模糊了。

某人在镇上还有不少亲戚，毕竟她们家族在这里生息繁衍了两百多年。血缘近的如外公外婆、舅舅表妹；血缘远的如堂伯堂婶、表叔表娘。每年春节，我们都要回平乐，和他们见上一面。用一个文绉绉的词，那就叫款叙亲情吧。

我们在一家叫平乐堂的饭馆吃酒。这是一座幽深古雅的老院子，墙上伏着红色的三角梅，梅下伏着猫，不是白的，是黑的；猫下面，是石头水缸，缸里的鱼无声地游，一只麻雀站在缸沿，饶有兴趣地看鱼看花。里面的一进院子更老，陈列着老板收藏的全国各地的各种牌子的酒，五花八门，蔚为大观。

上桌的都是乡土美食。山间竹笋一定得有，本地名小吃钵钵鸡，以及用香料熏过的老腊肉也一样不能少。外公八旬开外，烟不离手，酒也顿顿要有。量不大，三两就烂醉，让人想起"饮少辄醉，而年又最高，故自号曰醉翁"的欧阳修。当然，外公恐怕是不知道欧阳修的。

几杯酒下肚，酒桌上辈分最高因而也最有话语权的外公不停地说话。忙里偷闲，说话间隙，赶紧吸一口烟，像是为一篇长甩甩的文章加几个标点。他的口头禅是"古人说过"，几乎每句话都如此。仿佛不加上"古人说过"这四个字，就不足以证明它的正确性与必要性。

外公说，古人说过，从前白沫江的鱼多得很，下雨天涨水，水一直灌到我家牛圈里，水退了，我在牛圈里都捡了七八斤鱼。外公说，古人说过，从前，白沫江的鱼，味道比现在周正得多，就连铁屎坝那边的稻田里，秧鸡的叫唤，也比现在清亮得多。外公说，古人说过，以前没电视没歌厅，夜就长，人睡得足，睡足了，自然就清醒，办事不糊涂；不像现在，又是电视又是歌厅，夜就短，人睡不足，睡不足，自然不清醒，办事总是糊涂。外公说，古人说过……

外公家距平乐镇约两公里，在微型平原的另一端，白沫江从他家的竹林里流过。他说，竹林里原本有许多桤木，后来大炼钢铁，都砍了，改种竹子。十多年前，每年夏天，白沫江发大水，总有些树木从上游冲下来，外公就像一条鲇鱼那样游进水里，把那些无主的树木打捞上岸。有一年，他甚至打捞到一只很新的柜子。柜子上了锁，外公把柜子抱回家，心潮澎湃。那时候，他正为儿子结婚的事发愁。他看着柜子，浮想联翩，半天才找来钳子和斧头。柜子打开了，里面却空空如也。或者说，只有一些白沫江的浑水。外公沮丧至极，他说，古人说过，早知道这样，还不如不把柜子打开，存个念想呢！

外公喝了酒，骑着三轮车回家。外婆坐在三轮车车斗里，蜷缩着，是一个佝偻着腰的乡村老太太。外公一边骑车，一边抽烟。从后面看，不时有一大圈白色的烟雾升起来，随即又被春天的风吹散。空气中有一股特殊的烟草味。

我打算在平乐买套房。平乐有一个叫上河郡的楼盘，位于平乐镇尾的白沫江边。我曾想买靠近白沫江的那栋，在那里，站在阳台上或窗户前，就能看到白沫江静水深流的好样子。但是，靠江的那一栋却是商业用房，开成了客栈、酒吧、茶楼。每到夜晚，酒吧的歌手沙着嗓子唱歌，客栈灯火通明，茶楼传来哗哗哗的洗牌声。为客栈、酒吧和茶楼服务的烧烤直接把摊子摆到了河边的园子里，浓烟滚滚，夹杂着孜然和烤肠的香味，把春天的风都熏得焦了，糊了。

最终，我把房子买在了小区中心位置，那里，远离了白沫江，也远离了江边的喧嚣。我想，如果我再老一点，我也可以弄一辆三轮车，载了某人，在平乐的街巷与田野间随心所欲地走一走。我也要像个老人那样，对这座古老的镇子说：古人说过。古人说过呀！

火车上的养马河

那时候，我熟悉养马河的小部分街道，见过养马河更小部分的人民，吃过养马河生产的橘子、甘蔗，呼吸过养马河带着沱江泥腥味儿或是工厂铁锈味儿的空气，但我没有踏上过哪怕一寸养马河的土地。

因为我坐在火车上，一次又一次地坐在火车上，火车的必经之地就是养马河。

火车从成都北站出发，一路穿过城市东北边的工厂和棚户区，然后慢慢由平原进入丘陵。当广播里说养马河站到了时，时间竟然已过去了两个小时，路程却只走了区区五六十公里。这是二十年前的火车，它枉自有一个快车的名号，慢得像蜗牛。当然，这是和如今飞速的高铁和动车相比。

时值盛夏，没有空调的火车一旦停下来，热得像是灶上蒸煮了半个时辰的蒸笼。男人大多赤着上身，光着膀子。膀子顺便也暴露了他们的阶级：黄如古铜的，多半是体力劳动者；白如软糕的，多半是脑力劳动者。独有几个民工，膀子浑圆，颜色却是幽暗的橙黄，像是煮熟了的螃蟹。

那时候的火车窗户不是全封闭的，可以持住两端把玻璃往上抬，大约能露出一尺的缝隙。车一奔跑，大风呼啸而至，光着的膀子顿生凉意。

所以，如果从成都出发时，我在座位上睡觉的话，那么，到了养马河，当火车徐徐进站并停下来，我一定会被热醒。

非常奇怪的是，养马河只是一个四等小站，如今早已不再办理客运，但当年有些慢车却要在这里上下客人。我坐的是快车，不上下客，因而不会打开车门，却要在这里停上比慢车更长的时间。

那一年我只有二十多岁。为了一个关于文学的梦想，经诗人张新泉先生介绍，被借调到四川省科协的《科幻世界》杂志做编辑，妻儿却留在了我原本生活的自贡。每周，我都在成都与自贡之间来回奔波。那时候，高速公路还没修通，倘是坐汽车的话，短则八个小时，长则十多个小时。有一回，我竟坐了差不多二十个小时，在路上吃了两顿饭，才总算跑完了两百多公里的路程。

靠谱一些的是火车，偶尔晚点，但大多时候还算准时。每次耗时大约也是八个小时。从成都到自贡，火车中午出发，到养马河，正好是一天里最热的下午两三点钟。所以，那时对我来说，养马河意味着每周五下午的炎热和汗水。月台上，卖雪糕和汽水的小贩来回奔走，他们的皮肤也被晒成民工们一样的幽暗的橙黄。穷人的皮肤都是一样的，这是他们共同的标记，不需要更多的语言就能相互辨认。从自贡返回成都，火车是深夜由宜宾到达自贡的，它抵达成都时，大概是早上七点。这样，我就能在八点半上班前赶到位于人民南路10号那栋古老建筑的办公室，然后埋头于无边无际的稿件中。

可以断定的一个事实是，周日晚上，当我踏上顶着夜色而来的火车时，我得在火车上睡一觉，这样才有精力应付第二天的工作。

火车吭哧吭哧地像一只纵欲过度的兽，气喘吁吁地爬行了大半个夜晚。清冷的月光从云朵与云朵的缝合部分漏下来，倘是站在铁轨外面的山坡上俯瞰的话，火车一定像一条发光的虫子在拼命地蠕动，而我们这些昏昏欲睡或昏昏已睡的乘客，显然就是寄生在虫子体内的更细小更微不足道的短暂寄生虫。众多可怜的寄生虫，在这只稍大的虫子体内萍水相逢，你挨我、我挨你几个小时后，当天光大亮，于是各奔东西，很可能从此再也不会相逢——当然也有可能下周就会相逢，前提是，他或她也像我一样，通过火车的奔跑来上演双城记的疲惫人生。

天光大亮前，黑暗是一点点不甘心地褪去夜幕的，熹微的晨光也是一点点鼓足了勇气才从天边刺过来的。天光大亮前，我醒过来了，我知道，火车已经溯了沱江的方向，抵达了距离成都最近的一个需要停靠的小站：养马河。

我的邻座，有的趴在小桌上沉睡，打着沉重的鼾——人在旅途，即便休息也是如此不堪重负。有的把头仰靠在椅背上，张开嘴，口水顺着嘴角慢慢地淌。有的已经睡醒了，打着呵欠，张开的大嘴露出焦黄的牙齿。在陌生人面前，就连最爱美的姑娘似乎也过于草率。

火车慢了下来，它已驶入了养马河的镇子。当它快停下来时，我看到一条无名小街上，一家夜宵摊子竟然还亮着浅红的灯。一张小小的桌子旁，围坐着四五个青年，男的，女的，都有，手里举着酒杯，冲着列车欢快地尖叫。再过去，是两个农民用一种竹条编织的笼子，抬了一头肥猪——不用说，这是要把它送到屠宰场去。肥猪大概也明白大限将至，它的尖叫竟压过了火车的长鸣。当火车从养马河缓缓启动，在沱江之滨的一座山坡上，我看到一些人打着火把和手电缓缓前行，内中一行人披麻戴孝，隐约还能听到悠长的哭声。

那是一支送葬的队伍，他们一定是严格按照风水先生预定的时刻上路的。他们前行的路要穿过这条笔直的铁轨，当火车呼啸而来，他们只好停在铁轨边为火车让路。这样，我看到那个端灵牌的孩子满面惊慌，还带有某种程度的没有睡醒的困倦。

涓涓冰雪汇成了九顶山南麓一条条或大或小的溪沟，它们是沱江的源头。当沱江带着雪水的寒意流进成都平原边缘的金堂时，它接纳了毗河、青白江、湔江和石亭江，水势渐大，一举穿过了龙泉山脉的金堂峡——有个说法是，这道峡谷是古蜀国的鳖灵所开——然后拐几个弯，就进入了养马河所属的简阳市。从养马河往北，铁路沿江而行，养马河站、灵仙庙站和五凤溪站遥相呼应。当我乘着夜色奔向成都，从养马河开始，黑夜开始式微，到了灵仙庙，黎明开始露出白肚皮，到了五凤溪，黑夜已经彻底溃败，早起的鸟儿在铁轨外面的树林里，装腔作势地唱一首春眠不觉晓的歌。

古代有沱江的木船，现代有成渝铁路的火车，养马河自古至今都是一个重要的交通节点，用四川话说，是一个搬不完运不空的水陆码头。

很多年以后，当我终于踏上了养马河坚实的土地，而不是坐在火车上打量它时，我看到在街道交叉的广场上，树着一匹马的雕像。马头高昂，前蹄离地，马尾后甩，表示它正在飞奔。

我查了方志，关于养马这个地名的来历，其中有两种说法，直接表示养马河与马无关。一说，古时此地的沱江两岸人家，大多姓杨、姓马，故把此地称为杨马河，年代久远，以讹传讹，竟成了养马河。一说，叫杨马河不假，但来历却与姓氏无关，而是沱江河边曾有一株杨树，其形似马，称为"杨马"，树下立了一块碑，刻有杨马河三字。可惜这块传说中的碑早就无处可觅了，否则倒是最有力的证据。

和马有关的是另一个传说。据说，三国时期，蜀汉名将张飞曾在此养马，因而称作"养马河"。查成都周边地名，和三国名人有关的着实不少，比如距养马河几十里的新津牧马山，传说也是张飞放马的地方。但历史上，张飞主要镇守川北，开府阆中，他跑到沱江边或是牧马山养马的可能性都不大。

不过，张飞养马与否都是无关宏旨的事。养马河的马于这里似乎也是一种暗喻，既然马是交通工具，木船和火车也是交通工具。那么，树一尊马的雕塑，也切实之极。

大概因得地利之便，养马河不同于普通乡镇的是，这里有不少工厂和企业。和火车有关的单位，除了养马河站外，还有铁道部养马河桥梁厂和中铁二十三局养马河公司；而和火车关系不大的，还有四川橡胶厂，以及一座女子监狱。我百度了一下养马镇，资料就很骄傲地宣称：简阳市养马镇是全国重点镇，是成都、简州新城区域中心镇，位于简阳市北偏西，南距简阳市区15公里，北距成都市区47公里。地理位置优越，交通便捷。

我们在养马河吃饭。是一家靠近沱江的小餐馆，推开窗，能看到满江的水，如害了相思病的痴情女子，瘦得怕人，静得像没有流动。火车的长鸣，偶尔会传过来，只是被楼房与市声过滤了，没有了它作为工业文明主要标志的那种粗暴、尖利，反而显出一种别样的温情，像是在提醒我：某年某月，你曾经在火车上注视过这座镇子。现在，你终于选了一个座位，坐下来，在这里吃一顿饭。

小餐馆门前有一只巨大的木盆，里面是鱼。老板说他家的特色菜就是红烧沱江河鱼。游动的鱼全然不知道人为刀俎、它为鱼肉的可怕现实，一个劲地游来游去，不时还悠闲地吐几个气泡，就像一个人在梦游。这些从沱江里打捞上来的鱼，身上有着比饲养的鱼更深的色泽——不知为什么，我又一次想起多年前在火车上见过的那几个民工的膀子。

老板也是厨师，灶前的条桌上，各种调料一字排开，他站在灶前，手里拎着铲子。老板娘跑堂兼收银，麻利得像一只跳来跳去的小鸟。老板喝令十多岁的儿子为我们杀鱼。原本在店铺一角一声不吭玩手机的儿子，恋恋不舍地放了手机，去灶前拿了一把菜刀。他走到盛鱼的盆子前，抓起一条一斤多的鱼放到案板上，然后转过菜刀，用刀背重重地敲在鱼身上。我看见鱼的眼球突起，嘴巴张了几下，好像在喊痛。当然，它是喊不出来的，尽管很痛。就像人，也不是每一次痛都能喊得出来。喊得出来的痛当然痛，但不一定最痛。

同行的女士有好生之德，她看到鱼的挣扎，竟然涨红了脸，伸出纤纤十指蒙住了脸，只露出一个尖尖的近似网红的下巴。就像那刀背敲的不是鱼，而是她自己。

女士的好生之德让我这样的酒食之徒汗颜，虽说鱼无法喊出它的痛，可就像刚才说的那样，沉默的痛也许才是最难熬的痛啊。当我在心里做着自我批评时，一大盆热气腾腾的红烧鱼上桌了，鲜、香、麻、辣，总之，是四川人一看就要会心一笑的口味。同行的女士掏出手机，先拍照——这大约是有微信以来，中国人的一大新习惯吧，类似于信上帝的人进食之前总要祈祷一样。然后，我看到同行的女士麻利地夹了一大块鱼肉放进嘴里，紧凑的五官都向脸的中部移去。我觉得刚才的自我批评显然有些多余。

菜上齐了，我们慢慢地吃鱼吃肉、喝酒喝茶。老板也忙完了，坐在另一桌开始他的午饭。是一盆回锅肉、一碗烧豆腐、一钵豌豆尖汤。老板和老板娘相对而坐，他们的儿子却盛了半碗饭，远远地坐到另一桌，一边把饭粒往嘴里扒拉，一边目不转睛地注视着小小的的屏幕。老板面前有一只塑料杯，杯子里盛了大半杯白酒，他已经喝完了一杯。这一次，他看了看远处的儿子，把大半杯白酒一气倒进嘴里，喉结突起，咕噜一声吞了下去。他低声对老板娘说，我再说一回，他这样下去不得行，必须给他找个事情做。十五六岁了，书读不进去，就要去打工，不然，二天要出问题。老板娘没吭声。老板又说，你把他留在家里，这是害他。害他，懂么？老板娘瞪了老板一眼，夹了一筷子菜，也到旁边桌上去了。

老板气呼呼地看了看，拿起瓶子，又倒了一杯。

吃完饭，我们朝火车站走去，我曾经在火车上见过数十次的养马河火车站。

通往火车站的一条小街，我看到几户人家门前的空地上，竹竿挑着一些腊肉。刚刚涂抹完各种调料——包括但不限于以下类别：花椒、海椒、胡椒、食盐、大料、生姜——的腊肉，其实严格讲来，还不能叫腊肉。它的鲜肉生涯刚刚结束，从现在起，它开始为成为一块滋味悠长，令人垂涎的腊肉而进入修行期。既然人类一天到晚都嚷着修行——旅行是修行，恋爱是修行，吃饭喝酒是修行，上床或打牌也是修行，那一块鲜肉，它为了成为腊肉而付出的腌渍、晾晒、烘烤，以及收纳和等待，为什么不可以说是修行呢？与人类相比，腊肉的修行更单纯也更直率。

刚刚涂抹完各种调料的腊肉旁边，是鼓胀的香肠，让人联想起乳房或是四五月的果实。我曾经说过，腊肉和香肠是四川人过年时必不可少的双子星座。我和兄弟幼年时的共同理想，就是有一天能够把腊肉和香肠当饭吃。当我们真的能办到这一点时，我们却被告知，腌腊制品对身体有害。总之，腊肉和香肠一旦大模大样地出现在很多人家门前并骄傲地接受冬天里盆地难得的阳光的抚慰时，这意味着，中国人最重视的农历新年——或者说春节——的脚步近了。

在养马河火车站，我看见一列从南方回来的火车慢慢驶过月台。火车上人头密集，两个女孩把脸贴到玻璃窗上兴奋地打量外面的世界，或许是家越来越近了，她们有雀斑的鼻子被压成了扁平，像是鱼缸里的生物，因玻璃太厚，有些变形和夸张。我无端地觉得，把她们从遥远异乡号令回故里的，除了父母亲的电话，一定还有这些腊肉和香肠的滋味。腊肉和香肠，它让远行的四川游子在午夜的梦话里，要比别人多五个分贝的离愁别绪。

火车快驶出站时，我看到了餐车。洁白的桌布，上面放一只小花瓶，花瓶上插一朵塑料花。餐车我是熟悉的，在曾经的暑运高峰期，为了有个位置安顿屁股，我只好到餐车里点五十块钱一份的盒饭，以便正大光明地坐在椅子上，而不担心列车员的呵斥。

这一列火车餐车人迹稀少，也许是快要到成都了，大多数人都要下车了吧。独有一个中年男人在喝酒，木然望着窗外的养马河。他不像打工回乡的，那他为什么要坐火车，而且还是绿皮的？在这个飞机普及的时代，难道他也像我一样有恐高症吗？或者，仅仅是他喜欢晃晃悠悠的火车带来的那种古典的旅行感觉？转眼间，火车已经驶出了站，一声汽笛，惊飞了站台上一群议论风生的麻雀，它们拍打着翅膀，朝重庆的方向飞去。火车哐当哐当，渐行渐远，只有两条笔直的铁轨，无言地躺在阳光下。站台上的工作人员懒洋洋地散了，围观的人群也懒洋洋地散了，火车站重又恢复了四等小站的寂寞与安静。

如果是二十年前的夏日下午，我也许会看到又一列绿皮火车从远处哐当哐当而来。透过玻璃，我会看到一群光着膀子的男人中，有一个穿短袖衬衣的年轻人，戴着眼镜，皱着眉，翻读一本厚厚的书。在他背后，打扑克的人甩出了一把牌：炸了，我赢啦。

养马河是有老街的——这有点像废话，任何一个城镇，只要不是完全拆迁了，都会找到老街的，哪怕找不到老街，也能找到老屋。几座老屋，就足以构成半条老街，而老街，它似乎留住了一些我们熟悉又陌生的旧时光。

养马河的老街上，还有几家老茶馆。陈旧的老屋，有着高而陡的檐，檐下的台阶，被年复一年的雨水打出了细小的窝，像虫噬。古人说的水滴石穿当然也是有所本的了。八仙桌，颜色深暗——它老让我想起那年在火车上见过的那几个在成都干活的民工的膀子，上面有细小的划痕，也有经年累月溅出去的茶水，把桌面污成了一小团一小团的更深的岛屿。长板凳，又宽又重，似乎扔到沱江里，会打个漩儿就沉下去。

也有竹椅子，只是数量更少。斜斜地躺在竹椅上，当然比坐在长板凳上要舒服得多。但劳动人民的屁股一旦放上去，也想堕落成资产阶级。因而，那些趁着劳动间隙进来喝茶的人对竹椅子是警惕的。他们害怕一旦坐上去，就再也没有信心和勇气从竹椅子上拔出来，从而无法再出去干活，为一家人的生存挣来必需的柴米油盐。他们宁肯挤坐在八仙桌前的长板凳上，喝茶时发出肆无忌惮的咕噜声，像是牛圈里的群牛在饮水。只有一些上了年纪的长者，才慢条斯理地坐到竹椅子上，小口呷茶，还会把茶碗盖捏在手里，尖出两根手指，把茶碗盖立在桌面，娴熟地转动，像一只轮子。是的，他们劳苦一生，他们完全有资格在那样舒服的竹椅子上斜坐、歪坐，甚至躺下去。没有人可以指责他们。

很多年后我再去养马河，却没能找到那时候去过的那家老茶馆。甚至，就连那条老街看上去也似是而非。就像初恋情人，三十年后重逢，依稀还是旧时模样，却总觉得哪里不对劲儿。

我们在养马河的街道间走来走去，这座镇子已经像中国的大多数镇子那样，新与旧、拆与建、现代与传统交织在一起，混乱而有趣。

那个下午，整个小镇上最主要的话题是：两个少年在火车站附近爬货车，不幸被高压电击中了，一个当场死亡，一个受伤。

我们闻讯赶到时，医护人员和警察都已经来了，在一条铁轨上，停着一列货车。肇事的少年，一个变成了尸体，顺着铁路的方向躺着，大腿上的裤子烧掉了，露出白生生的皮肤——它让我再一次想起多年前那几个民工的膀子；另一个坐在一根枕木上，面朝货车，满面惊恐。我突然想到那个杀鱼的少年。当然，他们不是杀鱼的少年。杀鱼的少年多半还盯着他的手机。

如果不是火车，我不会走进养马河，它将是一个与我的人生毫无瓜葛的异乡。但是，因为有火车，因为有漂泊的历史，养马河于我，便是一个极其熟悉又极其陌生的地方。我几十上百次地从这里穿镇而过，小镇的生活离我只有几米的距离，但我知道，我其实从来不曾真正走进过它。就像那句诗说的那样：我不是归人，是个过客。

我在网上找到了养马河火车站的介绍，现抄录于此：

养马河火车站是一个成渝线上的铁路车站，位于四川省简阳市养马镇，建于1952年，隶属成都铁路局，为四等站，邮政编码为641402。

黄甲，高处的麻羊

我有过漫长的乡村生活。

20 世纪 70 年代，川南紫色丘陵深处的乡村，浸泡在一弯饥饿的瘦月亮的冷光里。这种生活对我后来的影响，一是经常梦见故乡那三五平方公里长满庄稼的原野，原野上，歪斜的草房门洞开合，出入着衣衫破旧的男女。我就是其中一个。二是某些时候，我保持着乡人特有的习惯。比如记事。乡人记事，疏于年份，常代之以那一年发生的对他们来说影响深远的事情。诸如，分赵地主房子那一年，毛主席去世那一年，土地到户那一年，刘书记调戏陈二娘那一年。

由于热衷历史，我对年份原本是敏感的，但那只限于书本上。现实中，我也像乡人那样，用某件事代指某一年。尤其是那些刻骨铭心的大事。比如，2008，这一年，我常用大地震来代指。那一年，我 40 岁。惯常意义上，我把这一年作为人生的分水岭。

所以，这篇关于黄甲的文字，在闲扯了这些篇幅后，其实，我想说的第一句话是：大地震那年春天，也就是大地震之前两个月的时候，那个开花开朵的三月，我执着于漫游，家门口的漫游。

说是漫游，其实不如说闲逛更准确。春节前，我刚拿到驾照，看见拖拉机也想把司机扯下来，自己一屁股坐上去练练手。春天到了，阴冷的盆地从冬眠中苏醒，太阳这只金色的甲虫天天爬到东门的电视塔上，一丝不苟地照耀着这座忧郁的城市，就像要弥补它在冬天的缺席。花都开了，草都萌了，树都绿了。那年春天，几乎每个下午，我都独自驾车走出城市，到四周的乡村闲逛。

有一天，我出了南门，过了华阳，慢慢从一马平川的城区折进了山丘起伏的乡村。沿着一条两旁开满油菜花的山路，密集的农舍消失了，空气中弥漫着油菜花的清甜之香，间或两三树桃花，自娱自乐地开在山崖边，它们唯一的欣赏者是体态优雅的画眉。

随着山路变窄，油菜花和桃花也消失了。转过山角，天上突然飘起了细细的丝雨，空山鸟啼，让人突然有种阴郁和不安。这时，前面的路上响起了一阵阵爆竹声。虽是春天，却还没到清明，不是上坟祭祖的时候。这荒村野岭的，怎么会有人放鞭炮呢？

峰回路转，我看到盘山公路两侧，密密麻麻地垒着大大小小的坟茔。原来，我只顾贪看风景，竟顺着山路走进了一座古老的坟山。至于鞭炮，那是一些正在下葬的孝子们点燃的。他们就在不到一百米的山弯里，哭着、喊着、叫着，所有的声音都在鞭炮炸响的间隙，迫不及待地被山风送过来。

我紧踩油门，汽车一阵怒吼，急速穿过了鞭炮声。当我再一次听到画眉的鸣叫时，已来到山下。然后，我眼前出现了一些千篇一律的房屋，我知道，我已重返人间。我闻到了酒香、花香、卤肉香和火锅香。这是一座镇子。街上人不多，店铺门前，阳光泻地，一些人歪在竹椅上，受用地晒着春天的太阳。两条狗和一只猫，也学着人的模样，慵懒地打开四肢，像是要用热气腾腾的阳光泡个澡。

我寻找这座镇子的名字。一会儿，我看到了街边的路牌：黄瓦街、王家场上街（王家场，倘去掉那个"家"字，倒是和我老家村子的名字一样）。我自然无法从这些街名判断是哪一座镇子，直到我看到了一家餐馆。

餐馆门前竖着一个歪斜的肉架，肉架上悬着一只剥了皮去了头的羊，羊肉色泽暗红，红里又点缀着白，那是羊的膘。餐馆名叫阮老幺羊肉馆。我当然不知道阮老幺是谁，也从没在这里吃过饭。但看到羊肉，我断定这镇子是黄甲。因为成都周边，以羊肉而知名的只有黄甲。及至我看到街边的一座雕塑时，我知道我猜对了。雕塑是一头羊，雕塑基座上有一行字：羊吃青草猫吃鼠，各有各的命。

　　成都人爱吃羊肉汤。大冷的冬天，炉火熊熊，一锅混杂了羊肉、羊血、羊肠、羊肚，以及各种蔬菜的羊肉汤，安静地坐在火焰上，肉鲜汤热，滋味妙不可言。其实不仅冬天，即便盛夏，成都人同样爱吃羊肉汤。

　　但是，在成都把羊肉汤生意做得最红火的，却不是成都人，甚至羊肉汤也不叫成都羊肉汤，而是简阳人做的简阳羊肉汤。成都市中心，有一条叫小关庙的小街。街两旁，几乎都是青瓦覆顶的木结构老房子，一楼一底，楼板都用木板铺就，踩上去，就发出沉重而烦躁的吱吱声。对成都人来说，这条不过三四百米的小街名声在外，它是和羊肉汤，尤其简阳羊肉汤画等号的。

　　十多年前，我刚到成都时，这里就已经是羊肉汤重镇了。我们常去的是靠近巷口的那家，叫简阳元山羊肉。大堂之外，还有两三个简陋的包间。羊肉汤除了味美，还实惠，特别宜于我们这些把一顿大酒喝得无比漫长的人——倘是请客的人钱包不鼓，在两斤羊肉一斤羊杂之后，可以不时要上一份白菜或是一份青笋、一盘豆腐，所费不多，却吃得热闹而持久。并且，如果是中餐的话，桌上的盘子一旦空了，一眼便能看出来，而汤锅里到底还有多少内容，无人一眼看透，即便只有一锅浑水，也总能打捞出一些羊肉或蔬菜的残渣。

那时候，这家简阳元山羊肉店是我们的据点。荤菜是羊肉汤，素菜是羊肉汤，汤是羊肉汤，饭还是羊肉汤——待到肉和汤都吃尽了，一席将终时，要上两三个碗口大的锅盔放进汤里一泡，便是耐饥的好饮食。酒是老板自泡的青梅酒，一斤一瓶，只管将些上来摆在桌上。兴致高时，我们从下午六点，一直喝到晚上十二点，直到老板打着呵欠宣布要关门。

那时候，我只知道简阳羊肉汤，却不知道黄甲羊肉汤，尽管双流下辖的黄甲离成都要近得多。黄甲羊肉汤的出名，似乎是后来的事。记得有一年的新闻说，黄甲举办麻羊节，小小一座镇子，竟然有好几十家羊肉馆。冬至那天，一家羊肉馆要卖出上百只麻羊。我和朋友默默地算了一下，也就是说，单是冬至那天，一家羊肉馆的老板，就有可能挣五六万块钱。这可是十多年前的五六万块钱啊。那时候，一千字的稿费大约也就一百元。我和朋友坐在简阳元山羊肉店的阴影里喝酒，算完账，我们默不作声，只好又喝了一杯。

成都以南，平原渐渐为浅丘和低山所取代，其中一列青黛的低山弧线般耸在平原边上，叫牧马山。据说，蜀汉时，刘备曾令张飞在这里牧马，因而得名。有一段时间，牧马山是成都非常高大上的地方，因为那里有成都的第一个别墅区。

我的一个有钱的朋友在牧马山买了一栋别墅。有一天，我们应邀前往做客。别墅宽大、高敞，大理石光洁可人，巨型吊灯搔首弄姿。有钱的朋友备了家宴，我们坐在他的花园里。时令已近中秋，一株枝繁叶茂的桂花，开出金黄而香的小花。园子很中国，喝的却是洋酒。有钱的朋友指挥佣人，把龙虾、螃蟹次第端上来。天色尚早，夕阳还恋恋不舍地挂在牧马山的那一端，像一枚没煮熟的蛋黄。

一墙之隔，便是正在秋收的田野。水稻都金黄了，农民们在田里忙碌。以远处打谷机的隆隆声为背景，我能清楚地听到围墙那边劳作的农民们的对话。应该是一对中年夫妇吧。男的说，哎哟喂，老子的腰都要累断了。女的说，明天就干完了，就可以松活一阵了。男的说，球哦，谷子打完了，过段时间又要点麦子了。女的说，泥鳅都变了，你未必还怕钻泥巴吗？男的说，怕个锤子！女的说，那你抱怨啥？男的说，不说了，先抽根烟。晚上你去胡二婆店子头切点卤菜，再拿两瓶冰镇啤酒。女的嗯了一声，算是回答。男的又说，对了，你先回去，顺便把羊子牵回家。女的说，要得。男的说，还有一个钟头天才黑，我把这块田干完。

晚上，喝得有六七分酒意了。月亮升上来，又圆又大，把满天星子都衬托得极为邈远。白花花的月光下，园子里的植物像抹了一层猪油。有钱的朋友说还没尽兴，热情地扯了我们，喝令司机开车。他说，走，去吃夜宵。

十多分钟后，我们抵达了一座灯光昏暗的镇子。街头，有两家烧烤摊和一家卤菜店，以及一家羊肉馆。经过卤菜店时，我下意识地回头去看，店主果然是一个老年妇女，打着哈欠，只是不知道是否就是围墙外那个男人说的胡二婆。

那个晚上的夜宵，我们吃的是羊肉汤。那时，我才知道这个镇叫黄甲，它以出产麻羊而闻名。就像简阳羊肉汤风靡全川一样，黄甲羊肉汤原本也该风靡全川的。但那时，黄甲羊肉汤还局限在一个小角落，还鲜为人知。

好几年过去了。有一天，一个滴水成冰的冬日，我的一个以好吃而闻名的朋友打来电话，邀请我去喝羊肉汤。我理所当然地认为是小关庙，是小关庙的简阳羊肉汤。但朋友说，不是小关庙，是黄甲。黄甲麻羊，吃过吗？优秀得很。我想起几年前的往事。哦，我知道的。我说。

天色向晚，冬天的四川盆地，夜色来得比潮水还迅猛，匆匆的，像是赶着去约会的毛头小伙。我们驱车前往黄甲。那时候的成都还不像今天这么铺张浮夸，城市要小得多，刚出三环，田野就连成一片，其间孤岛似的漂浮着一些村落和

小镇。很要命的是，那时候也没导航，我们竟然迷路了，我们不仅没法找到好吃朋友说的那家羊肉汤馆，甚至，就连黄甲在哪个方向，也全没把握。

乡村公路没有路灯，月光微茫，勉强能看清路旁的树木和秋收后的稻草垛。我们想找个人问路，但无人可问，四下里一片安详和宁静，成都平原就像一块收割后的田野，不但粮食颗粒归仓，就连喋喋不休的青蛙和忙了一季的农人也都颗粒归仓了。好不容易，我终于看到路旁有栋房子，透出幽暗的灯光，一个模糊的人形蹲在房前。

我从副驾下车，客气地叫了声师傅，然后向他打听去黄甲的路。师傅站起身，是一个中年男子，风吹衣飘，瘦得像根竹竿，面目漆黑，说话时却露出了白得可疑的牙齿。他说，黄甲，嗯黄甲嘛，就是黄甲。以前我去过的，黄甲。我耐心倾听，期待他能用手指一指，说一声，顺着这条路，抵拢倒拐。可是，他的声音越来越低，吐字越来越含糊。我已经听不清他到底在说什么。我只好打断他，师傅，麻烦你指下路，黄甲该往哪边走。他突然提高了声音，黄甲，嗯黄甲嘛，就是黄甲，以前我去过的，黄甲。这时，我开始怀疑，他可能是一个精神病患者。因为，借助车灯的光，我隐约看到他表情呆滞，乱蓬蓬的头发野草一样胡乱披在肩头。

问路问到疯子，我只能落荒而逃。在田野间的沙石公路上转了大半个小时，我们终于寻到了黄甲，并找到了好吃朋友去过的那家羊肉馆。羊肉汤冒着腾腾的热气，汤色白若奶汁。据说如果是真资格的羊肉汤，得用羊骨头和羊脑壳文火慢炖，才能熬出这种白汤。但如今的羊肉汤馆早已没有这份耐心，也不愿花这个成本。所以，白汤大多是用化学原料勾兑出来的。我们坐在喧哗的人声中，喝汤、吃肉、饮酒。偌大的大厅里，尽是些吃得口角流油的食客。时值寒冬，一个个吃得面若桃花，额上渗出了细细的汗珠。"吃了羊肠，不穿衣裳"，这是四川的一句俗话，大抵是说羊肉的温补吧。

再一次去黄甲吃羊肉，又是两三年后了。那一次，也是应朋友邀请，而朋友呢，却又是受了我不认识的他的朋友的邀请。就像那句广告词说的：朋友的朋友，也是朋友。所以，我欣然去了。

从前的沙石公路不见了，代之以宽阔的水泥路，两旁花木扶疏，隔三岔五竖了路灯，灯光瓷实、洁白，让我想起久违的黄甲羊肉汤的汤汁。请客的是一个房地产开发商，像大多数房地产开发商那样，衣着考究，双眼习惯性向上翻。吃羊肉的地方不再是从前那种人来人往的大厅，而是一座有池塘和亭台的园子。园子里，新植了草皮，栽种了些还在发育的树苗，十来座白色的蒙古包立在草坪上，让人恍惚间以为穿越到了蒙古。细看，蒙古包其实是水泥的。

每座蒙古包都是设施完善的包间，除了一张巨大的餐桌外，还附设有机麻、沙发、卫生间。羊肉汤也不像小关庙或是黄甲街上那样，一口锅盛了，下面是呼呼燃烧的天然气灶，而是一人一只精致的小铝锅和自行调节温度的电磁炉。就连羊肉、羊肠和羊血，也分割得更为小块，装盘也更为斯文，仿佛只有这样，才能让原本草根的羊肉汤，配得上开发商有钱有势的高尚身份。嗯，人家开发商，已经开发过七八个高尚社区了。酒自然是茅台，并且，酒瓶上还贴了一张什么特供的红纸，表明它的血统绝非普通人可以问津。

羊肉汤的滋味全忘了，唯独记得的只有一个细节。其时，某个大人物刚发表讲话，批评房地产价格太过虚高，开发商也应该流着道德的血。大家都以为，房价应该有下降空间了。孰料，那位开发商习惯性地向着天空翻了一个白眼，慢悠悠地说，我们几家大开发商，昨天刚碰了头，每个平方米再涨五百。开发商端起酒杯，滋儿喝了一大口茅台，这年头，我就没服过谁呢。来，这茅台还将就，是专门到茅台酒厂定制的，一般人可喝不到。

许多年过去了，原本破败狭小的黄甲大了、新了，但也千篇一律了。倘若把它和其他川西小镇混在一起，除了作为标志的麻羊，你已经无法找出更多的个性。那个冬天的午后，吃了黄甲羊肉汤，我在镇子里缓慢行走。我看到了各种和麻羊、和羊肉汤有关的东西。羊的雕塑有好多处，有一座甚至如同纪念碑那样高大。

"祖传羊肉汤，打包回家，送羊血、小米辣香碟"，这是一家正在营业的羊肉汤馆的广告牌；"双流县黄甲麻羊产业协会、双流县黄甲麻羊养殖专业合作社、双流县科技专家大院成都麻羊分院"，这是某家门前悬挂的三条匾牌上的文字，也不知道这三个单位都干些什么；"欢迎大家来品尝，喜气洋洋喜羊羊"，这是一家餐馆的不像对联的对联；"激情黄甲，与羊共舞"，这是进入镇子的一座牌坊的宣传语。

黄甲镇的牧马山一带，尽管已不像二十年前那样，曾经算是成都唯一的别墅区，但这十来年，又开发了不少别墅盘。这些别墅盘大多有一个颇为崇洋媚外的名字，它们叫蔚蓝卡地亚，叫萨尔茨堡，叫维也纳森林。总之，听上去一派异国风光。相映成趣的是，在牧马山通往黄甲的十字路口，一座小山的半山腰，几个名字洋气的别墅小区附近，公路中间的环岛上，是几头灰白的麻羊的雕塑。麻羊背后，有一块巨形石墙，墙上，同样是几只麻羊。另有两行字：引来祥畜上千年，观赏美眉竖十字。落款是蜀中名人流沙河。沙河先生旧学深厚，曾撰过好多精妙对联，但这一联却委实让人难以夸赞。大约是命题作文之故吧？

不过，对联倒是说出了一段关于麻羊的往事。一个说法是，蜀人是从岷江河谷一步步迁徙到成都平原的，那时的成都平原，还没有都江堰，也就没有水旱从人、不知饥馑的天府之国。那时候，岷江、沱江及其支流随时改道，平原常常成为泽国。蜀人就在大地上东游西荡，避开无处不在的洪水。牧马山一带，虽然山并不高，到底比一马平川的平原能避水。于是，蜀人的一支就来到这里并安居乐业（我想起多年前那对隔着围墙收割水稻的夫妇），其间，麻羊渐渐成为他们最主要的家畜。这一点，似乎也有些道理，比如陆游就有诗说，"醪酒芳醇偏易醉，胡羊肥美了无膻"。流沙河对联的下句，所谓"观赏美眉竖十字"，并非真的指美女，而是说黄甲麻羊。黄甲麻羊长着一张画眉脸，毛皮呈十字状画纹。是故如是说。不过，对不知情的外人而言，对联几乎不知所云。直言了，沙老勿怪。

那个春天的下午，太阳正好。麻羊雕塑下面，歪着一个中年男人，大约是中午多喝了几口，面色暗红，团在石头上呼呼大睡。几只蜜蜂嗡嗡地飞，落在他背后的羊雕上，像是几枚暗黄色的图钉，把羊钉进了石头。无端地，我又想起那个隔着围墙劳作的农民。那个秋收后的夜晚，他吃了胡二婆的卤肉、喝了冰镇啤酒吗？

随着城市扩张，牧马山一带已经鲜有稻田。在入住率极低的高尚社区之间，森林苍翠，宽阔的道路四通八达，农村和城市的边界正在模糊。同样，我也几乎没看到过黄甲麻羊，它们都被张着大口的城市赶到了更为边远的乡村吗？唯有向晚时分飞过天空的鸟儿，麻雀、乌鸦、黄鹂、画眉，它们的族群比以往更加兴旺。它们尖叫着，扑棱着，从这棵大树飞向另一棵大树，从一匹山梁飞向另一匹山梁。它们婉转的叫声，让这个春天的黄昏变得潮湿，如同那条通向黄甲镇的道路。细雨无声地涌上来时，灯光渐渐变得朦胧而柔弱。

是的，我有过漫长的乡村生活。

　　那时候，对农人来说，最重要的家禽与家畜是这些：牛（耕田必须。当然，这种贵重大牲畜，农民个人是养不起的，只有生产队才能养几头）；猪（除了提供源源不断的农家肥，它还是劳作一年后，大人娃儿期盼已久的杀猪过年）；鸡（许多家庭买盐巴的主要来源。甚至，代销店里，鸡蛋可以当作硬通货）；至于羊，罕有饲养。

　　有一年，大概是我们家的猪害瘟死了，改养了一头羊，一头与黄甲的麻羊同族不同宗的黑山羊。那时候祖父还在，还没有因那次意外落水而风瘫。每天，他把黑山羊牵到外面的田埂上，任由它啃食乱如钢丝的铁剑草。傍晚，他把黑山羊牵回家，小心关进破旧不堪的羊舍。祖父说，等到过年，就杀羊子吃羊肉，羊皮还可以拿到供销社卖几个钱呢！

　　然而，还没等到过年，那头总是瘦骨嶙峋的山羊就被父亲牵到集市上卖了，以便买回一些作为主食的玉米。玉米面在铁锅里烙成饼，或是渗了水搅进稀得能照见人影的粥中，那顿饭就变得幸福欢畅。

　　过年时，我们家没有杀年猪，也没有那只曾经的黑山羊可杀。那个寒冷的夜晚，油灯扑闪，雪过无声，鼎锅里烧着水，祖父和祖母坐在又厚又黏的黑暗中打盹，我们眼巴巴地望着黑漆漆的大门。突然，大门吱呀一声，一个人顶着满头风雪走进门。那是早晨就去了公社驻地的父亲。

父亲提着一只竹篓，竹篓里，盛着我们渴盼已久的年货，是一笼肥肠和一只羊头。肥肠又细又长，成圈团在竹篓中间，像是一根散发出腥味的绞索。羊头瘦削，留着一部黑而长的胡须（后来我看到俄国作家契诃夫的胡子，总要想起那颗羊头），一些未化的雪花凝在羊头上，它的表情显得格外严肃。在油灯微弱的光芒下，那双饱受风霜的羊眼，意味深长地盯着我，盯着我们。

彭镇：杨柳河畔的旧岁月

时隔大半年，我依然找到了那条从河边通往彭镇的路。坑坑洼洼的乡村公路，笔直细长，像一根灰白的绳子，打着疙疙瘩瘩的结。我的车就是爬行在绳子上的甲虫，白色的甲虫。冒着烟，喘着气，让行进的路略显浮夸。公路足有十来公里。一边是隔三岔五出现的农舍，高的楼，矮的院，以及作坊、商店、小型加工厂，以及点缀其间的绿油油的菜地或苗圃。

这是成都平原的腹心地带，时值深冬，北方早已一片萧杀，这里却翠绿而滋润。难怪大诗人杜甫初到四川，忍不住大惊小怪地写诗说："曾城填华屋，季冬树木苍。"绿色之间，一些深红浅红的花朵绽放在枝头，是红梅或海棠。薄薄的晨雾褪去后，淡淡的阳光上来了，红花绿叶温婉相宜。另一边就是杨柳河，河床深切，两岸都是人工砌就的河堤，偶有几级快要荒废的石阶通向水面。河名杨柳，两岸却多梧桐和黑杨。天寒，梧桐和黑杨的叶子几乎落尽了，夏天的热烈早已退潮，光秃秃的枝条如同铁丝般伸向天空。枝条之间，暴露出一两个巨大惹眼的鸟巢，还在发育的雏鸟浑似裸体，张开嫩黄的嘴巴叽叽喳喳地叫。

所以，进入彭镇的这条乡路，一边是南方的苍翠，一边却是北方的荒凉。杨柳河不再清且涟漪，河面漂浮着腐烂的草叶、半沉半浮的塑料，甚至还有一头泡得发胀的面目狰狞的小猪，龇着牙，像在冷笑。总之，杨柳河细细的流水和窄窄的河道让我疑窦丛生：地方志上说，当年彭镇因得杨柳河舟楫之便，曾是客商云集、远近闻名的水陆码头。但如此微不足道的杨柳河，它真的载得动那些沉重的货船吗？

唯一的可能是，从前河水要比如今丰沛，河床也要比如今开阔，因而不是太大的货船或许能够往来河上。同理可证的是，流经成都城区的锦江，民间总把它唤作府南河，河水也不过盈盈一握，唐代却门泊东吴万里船。古今之变，地理之迁，于斯为盛矣。

我是到彭镇看老街和老茶馆的。如同绝大多数缺少严格规划的中国小镇一样，彭镇的街道和建筑也显出几许零乱和新与旧的无序。几栋老建筑间，突然会有一座刚竣工的水泥盒子，鹤立鸡群或鸡立鹤群；一片新房子里，可能又不可思议地保留了一座幽深的老院子。这种零乱与无序之中，时光和时代前行的步伐隐隐可见。在欧洲，三四百年的老房子比比皆是，在我们这里，三四十年的老房子也不多了。我们正

处于一个急剧变革的大时代。这样的时代，一切都在变，唯一不变的就是：变。

　　与现代城市沧海桑田的巨变相比（请容我举个小小的例子：成都市中心有条梨花街，想必很久以前，这里应有梨花如雪。二十年前，我走进它时，梨花早已不复，窄窄的街道两旁，全是木制吊脚楼，酒家就隐藏在雕花刻朵的古旧屋檐下。我和朋友踩着木头楼梯走上吱吱作响的阁楼，饮酒，说话，抬头看着窗外渐渐暗下去的天色。甚至，对面阁楼上化妆的女子，她手里的镜子反射了最后一点夕光，像一只白色小鸟，落在青色的酒幌上。十年前，吊脚楼消失了，变成一片废墟。春天里，废墟上冒出一丛丛野花，一些流浪猫狗在花间招摇，如同身居闹市的隐者。五年前，废墟上又长出几栋几十层高的大楼。除了梨花街这个名字，其余一切都变得礼貌而又拒人千里）。彭镇到底只是一座不重要的镇子，虽然据说它从前好像也重要过。于是，若干我熟悉的旧时光在这里得以保留、收藏，如同风干的标本。行走在彭镇老街，便如昨日重现，我重又回到上世纪八九十年代川中小镇的世俗生活。

从一座横跨杨柳河的石桥折进镇子，转过几座不起眼的房屋，便是一条老街。粗粝的街道非常原生态：没有铺沥青，甚至也不是古镇常见的青石板。它根本就是一条土石路。坑洼，突兀，一些角落还积着上周下过的雨。一只大摇大摆的红公鸡率领它众多的妻妾，站在水坑边饮水，气度悠闲而傲慢，冷漠的小眼睛不时瞟一下我这样的外来者。随即，又毫无征兆地发出一阵穿云裂帛的长鸣。一旁打瞌睡的老灰狗被扰了清梦，不满地抬头低吠。鸡犬之声相闻大概就是这个样子了吧？

街道两旁大多是些低矮的老屋，这样的老屋，全用木头为柱，间以竹条，覆上拌有草筋的石灰，上盖青瓦。简洁、牢固，更重要的是所费不多，向来是川中乡村最常见的民居形式。老屋有向前低伸出的宽大屋檐，阳光被屋檐所挡，便像被活生生地裁去了一半，在木头的暗黄色墙上形成了光明与阴暗的明确分界线。

成都平原深陷于四川盆地，多雾，多阴雨，阳光甚为珍贵，所以才有蜀犬吠日这个夸张的成语。一个老妇人，头发花白，挥舞一把竹竿简易衣叉，小心翼翼地把一大桶刚洗完的衣服往檐下的铁丝上挂去。花花绿绿的外套、内衣、袜子，在铁丝上挤成一长串，很容易就让人得出结论：嗯，老妇人家里，除她以外，应该还有一个老人、一个青年男子、一个青年妇女，以及一个小女孩……风从杨柳河那边吹过来，投在墙壁上的衣服的影子就跟着晃，看久了，有晕船的感觉。

这个老妇人很面熟。想了想，几个月前那个冬天，也是一个有阳光的下午，也是她，在屋檐下晾东西——那一回，不是衣物，而是油亮亮的腊肉和香肠。那时年关将近，整座镇子，到处都能看到挽成结的香肠和大块大块的腊肉，以及拉长了脖子的板鸭。彭镇像是漂浮在浓郁的腊味中。如果有一杯老酒的话，大概可以不用下酒菜，只消闻一闻这腊味就能浮一大白了。

一家卖肉的摊子，案桌上的肉已经不多了，劳累了大半天的砍刀终于闲下来，躺在案桌正中。阳光如瀑，落到刀刃上，像是要砸出叮叮当当的脆响。屠户坐在案桌后的竹椅上，仰头打盹。一只大头苍蝇在他脸上飞来飞去，像一个百折不挠的探险家，总想降落到他发红的鼻头上。屠户闭着眼，伸出沾了肉末和血污的手，不断地挥。但苍蝇灵巧地躲开，又锲而不舍地回来，屠户只好放弃了，任由它兴高采烈地降落到鼻头上。他太需要一个短暂的睡眠，尤其是在这种温暖得有些浑浊的春天的下午。

在抵达老茶馆的途中，我接近了一家正在生产的面坊。所谓面坊，就是手工或半机械化加工面条的作坊。刚生产出来的面条，还没切割，每根都长达一米以上，整齐地挂在竹竿上晾晒，远远看去，像悬了一匹白布，却比白布多了麦子的润甜。小时候，我家附近就有一家面坊。每年新麦出来，母亲必让我背一袋麦子去换面。那家面坊晒面的场所是一匹小山顶上的坝子，竖着一些木桩，木桩之间，搭着细长的竹竿，面条就晾晒在上面。附近林子里的鸟雀会来偷吃面条，面条的丛林里，便立了几个紧裹花衣的稻草人。彭镇这家面坊在镇上居民区，人来人往，鸟雀是不敢来偷食的了。风过，洁如布匹的面条轻轻摇晃，阳光就灵巧地从面条与面条之间的细隙里蜇进来，落在布满小坑小洼的地上。

剃头铺离老茶馆不远了。都市里，理发店一般都有一个洋气或者说奇怪的名字，以及相应洋气或奇怪的装修。理发师不叫理发师，叫创作组，叫导师，叫总监，听起来，十分高大上。彭镇这家理发店却很原教旨，它甚至没有店名。如果硬要说有的话，那就是老板兼理发师的名字：赵金山。陈旧的板门上，贴着一张对开的白纸，上面用毛笔写着：赵金山，不洗头；剃头4元，美发5元，儿童3元。店里的桌椅、理发工具、红壳的温水瓶、巨大的搪瓷缸，当然还有贴在进门墙上的那张四开的毛泽东画像，都因年代久远而如同出土文物。赵师傅是个略胖的六十来岁的男子——当然说不定才五十多也有可能，毕竟，乡镇上的人看起来，总要比实际年龄大一些。他们往往经历过更多的风霜。

光临赵师傅店子的，大多是镇上或附近乡村的中老年，

他们受用地闭着眼，听任赵师傅手里的剃刀轻快地划来划去。剃短头发，那些半白或全白的头发慢慢掉下来，在地上铺了薄薄的一层；刮去胡须，也是半白或全白的胡须，掉落在身上披的看起来还算干净的围布上。然后，赵师傅用一只红色的塑料盆盛了热水，为顾客清洗。清洗之后，顾客似乎浑身轻爽起来，满意地向那边的老茶馆踱去。也是，鸟雀争鸣、百花盛开的春天的下午，既然已经剃却三千烦恼丝，何不到老茶馆安闲地坐他三两个时辰呢？

　　即使走遍全世界，你也难以找到第二座城市，拥有成都这么多茶馆。作家黄裳先生年轻时曾有蜀中之游，当他从北面的广元入川后，开始惊讶于四川茶馆之多之大了："入川愈深，茶馆也愈来愈多。到成都，可以说是登峰造极了。成都有那么多街，几乎每条街都有两三家茶楼，楼里的人总是满满的。大些的茶楼如春熙路上玉带桥边的几家，都可以坐上几百人。开水茶壶飞来飞去，总有几十把，热闹可想。这种宏大的规模，恐怕不是别的地方可比的。"

　　彭镇这家老茶馆，近年来名声在外，不少摄影发烧友都前来拍过片子。可非常意外的是，它居然也没有店名，当然更没有店招。对它的称呼似乎约定俗成：观音阁老茶馆。据说，茶馆已有一百多年历史，如今的平房，早年却是一栋精致的楼房。后来，彭镇遭遇一场大火，全镇建筑几乎悉数化为灰烬，独有这栋楼房幸免于难。人们坚信，那是由于观音菩萨在保佑，是故，就在这里建了一座小型的观音庙。

　　民国初年，观音庙变身茶馆，两层的楼房不知何故也只余下一层，成了现在的平房，并延续至今。当上百载漫漫岁月如同杨柳河水那样静静流过，几代彭镇人就在这片肥沃的平原上，从出生到成年，从成年到衰老，从衰老到死亡。而观音阁老茶馆，既是他们短暂或漫长一生的见证者，更是参与者——作为一个彭镇男人，没有到观音阁老茶馆喝过茶的，恐怕比凤毛麟角还罕见。

我的眼前是一座青瓦覆顶的老房子，房前有几棵落尽了叶子的老梧桐。我知道，像观音阁这样的老茶馆，在四川和成都曾经并不鲜见，比如我的老家富顺县赵化镇，至少就有四五家这种风格和面目都大同小异的老茶馆。只不过，时过境迁，在这个急剧变化的数字化时代，绝大多数老茶馆已经寿终正寝，渐渐消失。因而，观音阁老茶馆才像一具历史的活标本那样，吸引了外界关注的目光——当我要了一碗茶坐在观音阁一角时，我发现，好几个歪戴牛仔帽、斜穿摄影背心的人正捏着单反来来回回地拍个不停。

老茶馆两面临街，距杨柳河大概只有不到一百米距离。青砖加木质结构的墙壁斑驳晦暗，如同抽象派的油画；屋舍宽大，地面却是一如既往的泥地，已被无数的脚踩得坚硬，布满坑坑洼洼的窝点。临街的两端，木制的板门一块一块地抽下来。屋子正中，顶上是一扇天窗，春天的阳光就从这些地方漫进茶馆。几只白炽灯亮着，灯光昏暗而多余。像那些年代久远的老茶馆一样，观音阁茶馆也必不可少地有一口老虎灶，上面摆放着十几只烧水的炊壶。水开壶响，老板和服务员健步而来。

茶客多是中老年，一看就是街坊邻居或左近农人。打牌的，下棋的，看报的，聊天的，闭目养神的，低头打瞌睡的，如果要提取一个公因式的话，那就是他们都有一种都市里少见的闲适。我想起了一个词语：优哉游哉。

和一个独自喝茶晒太阳的大爷聊天。他说，只要在彭镇，他基本每天都要来观音阁。早晨天还没亮，老茶客就到了，泡一杯茶，喝上几开，再回家吃早饭。当然，也可以就近买两个包子或一根油条充饥。到老茶馆喝茶，已经成为他生活中最重要的内容。有意思的是，就像老板知道这些老茶客已经是老茶馆里与老房子、老桌子、老椅子相同的构成元素一样，外边的人喝茶，要价十元，而老茶客，只要一元。

靠近大门的一侧，有一张油漆剥落的木制柜台，或者也可称为吧台。台面上，摆放着算盘、茶壶，以及一只盛烟的木盒；背后是简易的木板，钉在墙上充当货架，摆放着青花瓷器，以及年代不明的竹壳水瓶；其后墙上，是巨幅毛泽东画像，画像四周，画着夸张的道道红杠，表示那是伟大人物的万丈光芒；毛泽东旁边，是金光闪闪的天安门城楼。在毛泽东的注视下，我看到一个着旗袍的年轻女子走进吧台里面，身子歪在那张吱吱作响的木椅子上，娇笑巧笑，顾盼生姿。与此同时，快门响成一片。显然，她们不属于老茶馆，不属于杨柳河，也不属于彭镇。她们是为了这里的旧时光而来的。或许可以说，旧时光，它已经是一种难以寻觅的道具和布景。喝茶的老茶客们见惯不惊，在袅袅上升的叶子烟的烟雾中，他们表情淡定、柔和，像一盏冲得有些发白的盖碗茶。

这是一个暮春的晚上。乍暖还寒时节，夜风吹凉。不到十点钟，小镇已经灯火稀落，偶尔还能听到从哪家屋子里传来的电视的声音、麻将的声音和婴儿啼哭的声音。众声交汇，却依然很轻很微，像一些躲在岩石深处流动的溪水。路灯晦暗不明，夜归人的电动车在破旧的街道上疾驰而过，如同一部老电影的布景。我走出老街，顺着杨柳河散步。一只野猫从暗处蹿过，明亮的眼神宛如暗夜里划了根火柴。有鸟长鸣，是一种春天时站在最高的枝头夜夜苦吟的鸟，名唤杜鹃。庄生晓梦迷蝴蝶，望帝春心托杜鹃。唐人李商隐早就道出了它的执着与凄美。胡乱想着，忽然看见杨柳河变得朦胧而白，原来，月亮上来了，大而圆，镶着云彩与水汽的金边。仿佛从前。

海窝子的慢时光

别处的时光是快是慢，我不清楚，但海窝子的时光却一定是慢的。在别处，三两年就建起一片新区，七八年就制造一座城市——比如20世纪六七十年代的中国地图上，根本就没有石河子、渡口和大庆，它们就是短短数年间，从一片不毛之地上凭空生产出来的。像是春雨后的瓜蔓，顺着阳光的方向疯长。但海窝子是一种慢，它从三千年前开始，直到现在，依然只是一个镇。它的城区（如果那短短的几条小街也勉强称得上城区的话）不超过两千人口的规模。我曾经在这种类似的镇上生活过，那就意味着，走在街上，大多数的面孔——人的面孔、狗的面孔、猫的面孔，甚至一只鸡和一只麻雀的面孔，你都似曾相识，你都极可能脱口喊出他或它的小名。

倘若说海窝子这个名字在质朴中显出某种苍苍古意，有如一株经过风雨的老树的话，那么，新兴这个名字就显得俗气、平庸。如同为民超市、如家旅馆、好又来酒楼一样，掉进众多名字的海洋中，一下子便寻不着了。但事实上，海窝子就是新兴，新兴就是海窝子。这正如从海窝子街道外流过的那条来势凶猛的河，在上游，它有一个和海窝子很匹配的古意苍苍的名字：湔江。当它不再凶猛，变得平静而舒缓时，它的名字居然十分马虎地改成了鸭子河——想必年年春来，它的江面总是浮满呆头呆脑的鸭子吧？又或者，水草深处，曾是野鸭的天堂？

我和老费、湛哥开车去山里。从成都到彭州，一路都是青葱欲滴的平原，道路交错，民居点缀，隔三岔五便有城镇聚在天圆地方的平原深处。过了丹景，平原四周渐渐山峰耸峙，围如屏障，公路也顺着河谷进入了山区。这些山都有颇为形象的名字，小的叫牛心山、狮山、丹景山、尖尖峰、关门石；大的叫光光山、鏊华山、玉垒山——就是老杜曾赞美过的浮云变古今的那座。

我翻阅了清代光绪版的《彭县志》，上面有一段说这些山："彭县西北皆大山，磅礴幽邃，骈联九峰，叠嶂层峦，豪峙杰立。明有一二岭出白云之上，疑为云峰，及晴霁，诸峰尽出，乃知是山。大地倾其东南，蜀天缺其西北。"

这些山中，龙门山是一个最大的集合，是万千座知名不知名的山峰的共同名字，当然也是近年来名气最大的。许多从没到过四川更没到过彭州和海窝子的人，他们可能都知道龙门山。因为十年前那场悲惨的大地震，它的主震区就在绵

延数百公里的龙门山。隔着龙门山，海窝子的另一面，就是震中汶川。

就海拔与名气而言，牛心山和寿阳山在龙门山的家族里只是小弟弟，它们的高度只不过可怜巴巴的一千米，这在高山和极高山成堆的四川，简直就像普通人走进了 NBA 队员丛中，只有抬头仰望的份儿。然而，牛心山和寿阳山，它们遥遥相对，中间夹峙着湔江，其形如门，古人称为天彭门。

它们是从山区进入平原的最后两座山，在平原的衬托下，便显得格外高大、雄奇。而天彭门，也被认为是从平原进入山区的咽喉。

我们的车，就顺着咽喉从平原进入山区。海窝子，它是进入山区后的第一座镇子。

那个炎热似火的夏天，我和老费、湛哥开车去山里。行进到海窝子，突然天降大雨，没有任何征兆的大雨打在沙石公路上，翻起一个个小小的坑，像是蜗牛用力犁出来的。暑气消退时，雨也停了，天边甚至还别有用心地挂出一条彩虹。那个夏天，我和老费、湛哥结伴，已经在四川的很多个地方走了很多天。大多是一些名不见经传的小地方，需要一再向当地人打听那些古怪拗口的名字。比如：鳖灵峡、彭城坝、灵山、月鲁坟。这些地名中，海窝子无疑是最好听也最富有诗意的。来到海窝子前，我甚至无端地联想到一面镜子般的高山湖泊躺在丛林中，倒映着蓝天丽日，以及前来饮水休闲的岩羊和麂子。

我们想拍一部纪录片，纪录片的片名或者说中心思想很有点耸人听闻的味道：中国人的根在四川。那几年，老费总是向我们鼓吹他的发现。先前，我觉得这更像一个酒后的玩笑，中国人的根怎么会、怎么可能在四川呢？历史教科书和大学教授们想必都不会同意的。他们早就认定，中国人的根，也就是中华文明的起源是在黄河流域，在中原，在河南和陕西啊！偏远的蜀国，远离了主流，根是不可能在这里的。但随着对史料的检索，也随着在四川各地的行走，我开始相信，中国人的根可能真的就在四川。至少，众多根系中，有一条就是从四川生长的。更或者用比较客观的话说，四川有可能是中华文明的另一个与黄河流域平行的起源地。这个起源地的坐标系中，海窝子有可能是一个节点。

所以，我们冒着弥天暑气来到海窝子。当然，除了寻找蛛丝马迹，我们也想在这个山中小镇收获几个时辰的清凉时光。

光绪版县志感叹过的彭州西北那些疑为云峰，要等到太阳出来后才得以辨识的山峰中，有一座海拔将近 5000 米的山叫太子城。山居然叫城，一种说法是山上曾有过一座古代城池，一种说法是山势合围，有如城郭。哪一个更接近真实，一时似乎难以厘清。

总之，高峻的太子城上下，山瀑飞泉汇成水沟，水沟汇成小溪，小溪顺着山势往山外流走，它们统称为"银厂沟"。汶川大地震前，银厂沟里有大大小小上百个农家乐，每年夏天，里面避暑的人以万计。近的来自彭州，远的来自重庆。为了一沟幽凉，有的人甚至会在里面住上整整三个月，直到山外的平原和盆地也开始掠过阵阵秋风。

银厂沟里流淌而出的条条山溪，终于汇成了一条更大的河，它不再叫沟或溪，而是有一个很正式很古雅的名字：湔江。

沱江是长江上游的重要支流，这条蜿蜒千里的大河，也是我从小就熟悉的。老家所在的两个镇子，不论安溪还是赵化，它们都建在沱江之滨，茫茫大水就从镇子脚下扑向泸州。沱江的名字是从金堂以后开始的，在金堂以远，若溯江而上的话，沱江源流一分为四，分别是毗河、石亭江、绵远河和湔江。

湔江古称"北江"，上古神奇之书《山海经》里也有这条不到 300 里长的山溪的记载："北江出曼山。"曼山，就是云遮雾绕的太子城。

湔，从水，从前，形声字。它的意思是水流的前锋，也引申为冲洗。这隐约说明一个潜在事实：从高处奔流而出的湔江，其水流排空而出，具有强劲的冲击力，足以冲洗它经行的大地。

湔江在海窝子附近流出山区，进入平原，它的水势不再像奔走于崇山峻岭时那样凶猛浩荡，而是平缓深邃，就好像一个人已经从青春期的高歌猛进，转变为中年期的从容淡定。这时候，湔江也不再叫湔江，它有一个更为通俗甚至庸俗的名字：鸭子河。

就在鸭子河快要与石亭江和绵远河汇合时，自20世纪30年代以来的一个惊天大发现让鸭子河名声在外——那就是一度被人认为是外星文明的三星堆。巨大的摇钱树，神秘的青铜面具，在鸭子河畔，三星堆让后人感到疑惑，这些东西的主人是谁？他们从何而来？

尽管学界尚无定论，但其中一个比较主流的说法是，三星堆的主人就是顺着湔江而来的。也就是说，杳不可知的古代，生活在龙门山另一侧的古蜀人，他们因为某些神秘原因，渐渐告别大山，慢慢进入平原。其中一条线路，就是顺着湔江的流向，一路东进。海窝子，就是他们曾经的聚散地。甚至，就是王城。作为他们彻底放弃山区进入平原之前

的最后一个停留处，他们似乎要在这里习惯平原的潮湿多
水。在这里，他们的生活方式也从狩猎和采集转向农耕。

我查了县志，海窝子是一眼山泉。山里人没见过海，凡
是大一些的水面，都一律夸张地称作海子。这眼山泉长流不
歇，人们便有理由认为，它是海的"窝子"。川话里，窝子

的意思相当于老巢，当然也可以理解为发源地。

古蜀人如果真的在海窝子生息，那所谓的都城，显然是后人的夸张，最大可能就是一个部落或部落联盟的聚居地而已。海窝子所处地形，是两山之间由湔江冲积出的一片狭长河谷。在完全依靠自给自足的时代，它恐怕连五百人都养不活。

我翻阅当代编写的县志，关于海窝子的介绍是这样的："位于县城西北湔江两岸。清代属西乡鹿坪里。民国二十四年设新仁亲太联保，29年改新兴乡。新中国成立后，沿用旧名。1952年4月，于场上设镇。1958年改为新兴人民公社，并撤销镇。1963年恢复镇。1983年新兴公社因与双流县新兴公社同名，改称新海，取原新兴乡与海窝子首字而得，亦赋新兴的海窝子之义。1985年底撤乡存镇，复名新兴。镇人民政府驻地海窝子，在湔江西畔。为通向山区七场的重镇，连接城镇和山区的要冲。明时，有殷氏弟兄于今场南五里兴办煤矿，逐渐发展成为殷家场。清乾隆五十五年（1790），始于今址建新兴场。又以此场靠山边处有一天然洞穴，终年有水流出而得名海窝子。"

县志是十几年前出的，介绍并不能与时俱进。那就是说，如今新兴镇的名字已不存在，它又改回了海窝子镇。

除了这种每个乡镇都有的介绍外，这部上百万字的县志中，关于海窝子的史料极为稀少，只言片语的几条记载，竟都和灾害有关：

"民国三十四年，彭县开始流行霍乱，仅楠木、新兴、万年、复兴等四乡死1200余人。到处新坟累累，哭声盈野。

"民国三十六年，湔江两次暴发山洪。全县28个乡镇受灾达5756户，34311亩。

"1951年，磁峰、新兴等乡又遭风灾，10人受伤，3848户受灾。吹倒吹坏房屋7354间。

"1958年，新兴乡三郎镇耐火石场石崩，死亡10人，重伤1人。

"1964年，湔江发生历史上罕见的洪水，全县21乡受灾。

"1972年，全县遭受特大江灾，湔江洪峰达4290立方米每秒。

"1976年，距彭县100多公里的松潘、平武发生7.2级强烈地震，波及彭县。"

当然，与这些灾害相比，最大的灾害还是十年前的汶川大地震。海窝子距震中只有几十公里，当龙门山西端的大地深处，难以想象的能量如同从魔瓶中释放而出时，龙门山东端的海窝子几秒钟之后就感同身受了。

大片的老建筑在一瞬间倒下，像正在冲锋的战士中了枪，不想倒，却不得不倒。

我们在镇上到处乱走。在一片旷地上，我看到几根涂成彩色的柱头，像是一座高大建筑物曾经的支撑。顺理成章地，我们猜这可能是大地震中某座倒塌房屋的最后遗留，现

在把它漆成彩色，是为了纪念那个不堪回首的日子。然而意外的是，当我询问一个老人时，他却连连摇头。他告诉我们，旷地是某家多年前就迁走的工厂的厂房旧址。那几根柱子，是当年车间的支柱。柱子后面那个用红砖砌成的有些像窑子的东西，则是当年的锅炉房。之所以把柱子漆成彩色并留下来，是为了让这家工厂的老员工前来凭吊时，能够通过它们找到准确位置。哦，的确如此：只要车间的支柱残基还在，只要当年蒸汽弥漫的锅炉房的遗址还在，那么，这里是休息室，这里是开水房，这里是传达室，这里是会议室，这里是食堂……一切与当年相关的建筑尽管我们这些外来者根本看不见，但在这里度过了那段岁月的老工人却能信手指点出来。如是，那段消失的光阴似乎还没有随消失的工厂一起消失。彩色的支柱，为回忆提供了一个清晰有力的证据。

等我们转到旷地的另一端，我看到两方水泥立柱，柱头上方，是一道弧形的钢架，上面有几个大字：彭玻厂生产区。年代久远的柱头，水泥的缝隙里，挤出一丛丛杂草，而厂字上方，不知从哪里飘来一只塑料袋，不偏不倚地挂在上面，风来，便无拘无束地飘，像一面白旗，正在向时光投降。

在业已不存的工厂旁边，跨过停了几辆车的空坝，走过去不远，是一座庙宇。四川人习惯性把庙宇称为"庙子"。庙子叫佛林寺。两个老头坐在庙前，太阳已偏西，高大的庙宇挡住了炙热的阳光。两个老头穿戴整齐，坐在阴处像在乘凉，又像在议事，声音极小，若蚊蝇低鸣。两只竹筒的烟杆里喷出的烟雾却浓得夸张，让人担心他们会惹火上身。游人走过，都回头看他们，他们却连头也不抬，继续小声说话，带着浓烈的方言味儿。

两个老头身后一丈许便是庙子的大门，门槛高大，槛外左右各立一只龇牙咧嘴的石狮。石狮旁是一块红色的牌子，写着醒目的白字——却不是我们想象的阿弥陀佛之类的佛语，而是一本正经的："当官一日，为民一天。"

海窝子的街道入口，立着一座花哨的牌坊——就像这镇上的绝大多数建筑一样，都是新建的。只是，那牌坊新得太明显、太招摇，且建筑风格与周围民居显得有几分不协调。两副对联和正中的海窝子三个大字，都是蜀中书法界的名家所题。对联却直白无味，比如：老街重建缘大震，古镇重辉又新兴。且不说意境全无，便是大震对新兴，即是宽对，也宽得勉强。不过，来往的游人和居民，大抵不会去仔细读一副对联的。正如那条躺在牌坊下睡觉的猫，它对我们的到来也是兴趣全无，甚至就连象征性地叫几声也不愿意。

我们通过牌坊进入新修的老街，也就进入了海窝子人的日常生活。这里的生活是慢的、缓的。日子与日子之间，就像居民与居民之间一样，也是熟稔的、亲切的。

首先，我注意到了街道两旁民居的台阶上、屋檐下或是小院里的花。在别处，我当然看到过类似景象，然而海窝子的花却格外多、格外密，有种家家种草、户户莳花的感觉。街道不宽，石板铺就的，两旁建筑多为平房或一楼一底，留有一米多宽的台阶，比街道高出几寸的样子。那些花大多就种在台阶上，有几户做生意的人家，花种得太多，甚至让人觉得它们有挡住客人进店的嫌疑。

一家门前的唐菖蒲，淡红色，薄得像浸了水的红纸。一家门前的美人蕉，酥黄中点缀着红色的斑点。一家门前的金鸡菊，黄色的圆形花，花瓣却呈酱红色或深紫色。风过处，黄色的花盘像是绕着花心飞快旋转，看久了，有轻度的眩晕。

大概是外来游人不多，海窝子街上的商业多以满足本地人及邻近农人为主。店铺并不多。至少没有花多。这些隔三岔五出现的商铺，也不像旅游景区的商铺那样慌张、迫切，每一个时辰都要被老板用营业额来切成不同的份。我估计，海窝子商铺的主人，多半同时也是店面的主人，既居家，又做生意，不用出房租，因此能够从容一些、淡定一些。有客人来时，是老板；没人来时，是老乡。

一家夫妻经营的木梳店，男的戴着眼镜，有几分书卷气，用一柄锋利的小刀细心雕刻木梳上的图案。女的打下手，在旁递东拿西。得闲时，又从口袋里摸出手机，快速地看。看了，嘴角挂着笑。我们站在门边，他们仅仅抬了抬头，笑了笑算是招呼。

一个大姐站在一丛开得有些疲倦的牵牛花旁卖豆豉，花衣服白围裙，利落而干净。豆豉都搓成了汤圆般大的团子，一个个排列在竹编的簸箕里，深黄中又带着些土色，我误以为包的是松花蛋。大姐听了，就细声细气地纠正。不是松花蛋，是豆豉，要不要来一斤带回家尝尝？好吃得很。

一个大爷穿着短袖衬衫，在自家店门前制作辣椒面。他脚下是一只用石头凿出的舂——四川人把它称为"对窝"，手里拿一根因年代久远而呈深黄色的木棒，用力地一下又一下春打春里红色而干的辣椒，空气中弥漫着一大股川人熟悉而热爱的辣椒味。不善辣的人从门前经过时，都忍不住要重重地打几个喷嚏。

一个年轻女子在流过街道的水沟旁卖玉米馍馍。刚蒸出来的玉米馍馍用玉米叶做包装，外面淡黄，内里金黄，空气的味道迅速从辣味儿转折为甜味儿。年轻女子也穿一件淡黄色的 T 恤，恰好与她出售的玉米馍馍同款。

一家麻饼店，也是夫妻经营，但年龄要比木梳店那对更小些。做好的麻饼一个接一接地摞起来，足有一两尺高，用纸包起来，像是一包放大了的银圆。年轻的老板娘在劳作中站起来，身影婀娜，红色的裙子被风轻轻摆动，让人想起惊鸿照影的典故。是的，劳动中的小憩让美人更美。

别处的时光是快是慢，我不清楚，但海窝子的时光却一定是慢的。从王鸡肉吃了饭出来，我们腆着腹沿湔江散步，一条素不相识的狗在我们身后亦步亦趋，回头看它一眼，它立即热情洋溢地摇一摇尾巴。看得出，它对突然有几个生人来镇上造访很兴奋。我记得刚看到它时，它躺在花丛的阴影里睡得正香，就连几只兴奋的苍蝇落在它湿漉漉的鼻子上也毫无知觉。让人担心它是不是在睡梦中去了天堂。

　　站在桥上，好风徐来，刚才大吃鸡肉时急出的一身汗片时便收了。河里的芦苇也像狗尾巴那样，热情洋溢地摇了起来。这是从《诗经》里繁衍到当代的植物，它是见过大世面的。那时候，它有一个更风雅的名字，它叫蒹葭。湛哥突然说，秋天时，等芦苇白了，我们就从这个位置拍过去，一定能拍得很苍凉。古蜀人出山的场景，就用它来表现吧。

深山，遇见白鹿

白鹿不是鹿。白鹿是镇子。深山里的一座镇子。说是深山，当然是与毗邻的平原相比，对更远处真正的深山来说，白鹿四围的山只是序幕，只是开始，只是起笔，只是黄瓜刚开出的淡黄色的小花，离瓜熟蒂落还有遥远的距离。

我又一次前往白鹿时，依然是从广阔的平原进入渐次逼仄的山区，天空从一只倒扣在头顶的灰盆，慢慢变成了一张张灰中带蓝的纸片，纸片被突起的山峰漫不经心地扯碎了，一张大的，一张小的，一张更大的，一张更小的。公路自然也是依然溯了涌江上行，透过车窗望出去，两侧的山峰依然像几个月前那样翠绿，甚至还要翠绿得深几分、重几分。一条矫若惊龙的传送带在对面半山腰伸向远方，那是从大地深处向外传送煤炭的。

几个月前还是夏天，空气里飘浮着细若游丝的蝉鸣，以及花期行将结束的栀子花的残香。半路上突然下起雨，雨丝太细，让人怀疑是春天。那时候，父亲坐在副驾上，出神地望着远处的山、雨、村、人。下车时，他佝偻着身子从车里挪下来，身子已经瘦削得不成样子，显得比真实身高更高出好几分。我记得这之前半年，我把他在昆明民族村拍的一张照片发到朋友圈里，一个朋友感叹说，伯父好高啊。父亲其实并不算高，大概一米七四左右吧。因为瘦，因为疾病带来的像楠竹一般的瘦，他看上去要比真实身高高很多。正如远处那些奔马凝空的山峰，也因为我们从平原上一米一米地升上来，它们也显得比真实海拔要高很多。

那时候，我完全没有意识到，再过几个月，当我再一次去白鹿时，父亲已经不在了。这一次，副驾上坐的是一个来自山东的朋友，这个胖大的汉子堆在椅子上，不像椅子包裹他，倒像他包裹了椅子。随着山势起伏，他很快就进入了梦

乡，不时发出一声沉闷的鼾声，像早春二月的深夜，突然从庭院上空滚过的闷雷。

我没有意识到，那将是父亲一生中的最后一次出游。而白鹿镇，将是他一生中抵达的最后一个异乡。

那是夏天，在反复劝说多次后，父亲和母亲终于搭乘了长途汽车，从老家赵化来到成都。小住两三天后，根据父亲的身体状况，我决定带他们在成都周边走走。避暑，也兼散心。一行四人，父亲、母亲、儿子、我。

我们首先去的是花水湾，那个西岭雪山山腰的镇子。那里天气凉爽，且有不错的温泉可以泡泡。在那里，我们住了两天。然后，转移到都江堰，又住了一天。父母开始念叨要回家，不是回我的家，而是他们在赵化的家。他们开始挂念，地里刚种下去的蔬菜会被虫子啃吃，托付给邻居的猫和鸡能否受到善待，甚至，挂在走道里的旧衣服，有可能会被小偷顺走。总而言之，当你人到中年，而你的父母年事已高，如果分居两处的话，你就会知道，为了回自己习惯了的老家，你的父母将有多少经不起推敲的借口。

于是准备回成都。回成都路上，我突然想起白鹿镇，顺道去看看吧，那是一座古镇，从前法国传教士还在那里留下了一座上书院呢。我告诉父亲。父亲虽只念过初中，却对文史有着浓厚的兴趣。

夏日的白鹿镇，穿镇而过的白鹿河波涛滚滚，大概是昨夜才下了一场急雨，山洪跌落溪沟，河水都染作锈红。夹岸俱是五彩斑斓的太阳伞，伞下坐了无数休闲的人：打麻将的，喝茶的，闲谈的，闭目养神的。还有一些几岁、十来岁的孩子，小心地把脚伸进河水，冰凉的河水惹得他们不时发出一阵阵尖叫。四处游走的商贩不失时机地兜售凉粉、雪糕、水枪、玉米馍馍。

我们选了河边的一顶遮阳伞，围坐下来喝茶。喝茶之前，我们按指示牌，去看了看河畔的"5·12"汶川大地震纪念馆。那里曾是一所学校，大地震把它震成了一片歪歪斜斜的危房。教学楼的走廊、教室和门前的空地上，布置了几十个真人大小的雕塑，定格的正是艺术家想象中的大地震发生时的那一瞬。奔跑的，尖叫的，站立的，倒下的，完好的，受伤的，全都定格了。空地上有两株枝繁叶茂的香樟树，烈日炎炎，它的阴凉却恰到好处地遮住了阳光。我们站

在树下，观看，指点，拍照，顺便感叹人间的无常与生命的偶然。

　　河边茶铺提供的是清茶，却没有当年清茶的清香，而是一股带钩的霉味。显然，这种所谓的景区，大多不过是一锤子买卖。再差的茶叶，也不会有人找老板理论的。毕竟，满街的游人，顶头的烈日，要找一顶空闲的遮阳伞已属不易，哪还顾得上茶叶是否是当年的呢？

总之，我们坐在遮阳伞下喝茶。说是喝茶，其实只是用茶钱买个座位。儿子小心翼翼地像其他孩子那样把脚探进河水，河水混浊，夹杂着泥沙。夏日里，正是山溪狂暴的青春期，要看到它的清澈与甘洌，必须等到它人到中年的秋天。

我想抽根烟，手伸进口袋摸到烟，正要拿出来时，突然想起父亲已经戒烟快一年了。于是，我把手又伸了出来，端起桌上的茶杯，呷了一口。去年的陈茶有一股往事的沉闷。

坐在白鹿河边喝茶时，距父亲查出大病已经十月有奇了。前一年十月的一天晚上，我和几个朋友在成都东门的一家餐馆吃饭，照例是半斤酒下肚，吃得兴高采烈。然而，乐极生悲，就是在回家路上，我接到母亲电话，她说，你爸身体不舒服，上个楼梯都要喘气。到镇医院打CT，医生说有积液，看不清。接毕母亲电话，我赶紧给在自贡四医院任职的李华打电话，请他帮助安排父亲次日前往检查。然后，三天之后，当我来到自贡四医院时，检查结果出来了。那时，父亲正斜躺在病床上看书。我和母亲被主治医生叫到办公室。母亲听到那两个字后，无力地瘫倒在地。一会儿，她发出了沉闷的哭声。当我坐在白鹿河边时，无端地，那从石坎上跌落的溪水发出的声响，让我一下子想到了母亲在医院的号哭。当我抬头看母亲时，她正扭头看父亲，而父亲，不知何时闭了眼在打盹。双颊瘦削，像是用几根棍子绷起的皱巴巴的皮。

出行的日子，按惯例，在酒店的每一顿早餐，父亲和母亲都吃得特别用心。这么说的意思是，他们尽量吃得最饱，就可以省掉午饭。五星级酒店，那么贵，节省一点算一点。这是母亲的说法。有时候，他们也会在早餐时悄悄塞两个鸡蛋进口袋，下午若是有点饿，就一人一只鸡蛋。

到白鹿的那个早晨，我们在酒店吃早饭，父亲只喝了点粥、吃了块糕点就放下了筷子。母亲很着急，不断劝说父亲再吃一点。你就再吃一个包子，要不，一个鸡蛋，实在不行，再喝半碗粥总该可以的。父亲却坚决不吃，他费劲地摇着头，一声不吭地坐在旁边。母亲只好独自继续吃，好像是要把父亲没吃的吃回来，她把盘子里的东西吃完后，又去加了一碗粥。

可能是加了一碗粥，便忘记了顺手拿两只鸡蛋。在河边坐到一点，我问他们，饿吗？要不要吃点东西？他们一齐摇头，坚决地说不饿、不吃。两点，有卖玉米馍馍的小贩经过，我说，那买几个玉米馍馍吧。这一回，他们没反对。一家四口坐在哗哗的水声里，就着茶水吃玉米馍馍。父亲那一只没吃完，他其实只吃了两三口。他说，我想吃，但是吃不下，没胃口。他说着这些话，好像有几分羞涩。后来，当我给儿子买了水枪回来时，他已经半闭着眼睡着了。他的鼾声细弱、低微，恰好与后来坐在副驾上的山东朋友的鼾声形成鲜明对比。

那一天，我们没去法国传教士修建的上书院。父亲没提，我也没提。我看出，他累了，他需要休息，他对深山里那座一百年前的上书院，那个传递上帝福音的神圣之地，已经没了兴趣。

从白鹿回成都路上，要经过几座葡萄园。这些葡萄园都可以自摘出售。我把车开进葡萄园，打算买一些回去。儿子听说要摘葡萄，兴奋得不可按捺，母亲也拿出手机，要为儿子拍照。但父亲说他就在车里等。劝说了几句，他终于下了车，坐在园主端来的一张竹椅上。

我们在园子深处摘了葡萄回来时，看到父亲站在一垄葡萄前，望着面前那些紫红的葡萄出神。

这一次去白鹿，父亲已经长眠于老家的黄土下，紧傍着他的父母。三座坟茔，像是三个夏夜里仰望星空的孩子。这一次去白鹿，我不想再去白鹿河边，除了时值冬日，河边不再有哪怕一顶遮阳伞、一个喝清茶的游人外，还因为我只想去看看上书院。法国传教士修建的上书院，父亲到了离它只有几千米，但已经没有精力，自然也就没有兴趣去看一看的上书院。

　　我曾看过上书院的老照片。那张老照片拍于一百多年前，那时候，当然还没有父亲，但已有父亲的父亲，也就是我的祖父了，应该是一个十来岁的少年。当然，他不可能知道白鹿。但他有可能知道上帝，知道天主教和神父。因为，在我们世代居住的安溪镇（所谓世代，比较准确地回溯起来，其实也就三代或四代，更早一些的祖宗，他们居于何方，以何为生，有过怎样的幸福与悲伤，我已无从考证），就有川南地区规模很大的一座天主堂。从都江堰去白鹿镇的路上，当我和父亲说起上书院与传教士时，父亲告诉我，以前，安溪的天主堂也有一个法国传教士，人们叫他马神父。一直到 20 世纪 50 年代，他都还生活在安溪。他是一个高大

的有一部红色胡须的大鼻子洋人，会说四川话，能吃辣椒，除了教徒，没人称他马神父，从八十老者到八岁小儿，都用川南口音喊他老马。

修建上书院的便是马神父的同胞，一个叫骆书雅的传教士。1895年，骆书雅奉巴黎外方传教会之命来到四川，不久就决定在白鹿镇修建上书院。1908年，上书院在历时十三载后终于竣工。不过，上书院其实是四川民间对它的俗称，它的正式名字叫圣母领报修院。这个名字出于《圣经》中的典故：耶稣为完成天主（即上帝）救赎人类的旨意，由天使加百列报信于圣母玛丽亚，圣母领报，由此诞生了救世主。骆书雅建修院之初，是要将它作为传报福音使者的培训基地，因而命名领报修院。但中国人显然不懂这中间曲折复杂的旨趣，便给它取了一个很中国化的名字：上书院。

110年前的白鹿镇，显然是一个深山围困与世隔绝的地方，骆书雅为何选择这么一个地方修建领报修院呢？这让我想起曾经去过的宝兴邓沟池天主堂，以及滇西和黔西地区的天主堂。这些从旧址也可看出当年宏大规模的建筑，传教士

们费了九牛二虎之力把它建在这里，肯定不仅因为这里有清幽的环境，更因为这里有众多处于底层的人。他们希望通过对这些底层人的拯救——至少是一定程度上的改善，比如治病、办学、行善，从而让他们相信上帝和上帝之爱。

我看到的老照片上的上书院，坐落于群山之间的上下两块小型台地上。上台地是一座三层的西式建筑，下台地则是西式中又融入了中式的飞檐斗拱。

后来，当我穿过白鹿镇装饰一新的法式小阁楼掩映的街道，沿着白鹿河的一条支流走近如今的上书院时，下台地上的建筑已经荡然无存，是一片杂树和野草；上台地上，依然是那座老照片里见过的三层的西式建筑。但是，它要比老照片上新得多。因为，十年前的地震摧毁了它，如今我看到的上书院，已是地震之后重建的了。

当老建筑倒塌后，在故地照着它的模样重建，它到底算老建筑还是新建筑？就像我们的生活，当它经历了一场变革，哪怕重又恢复从前的平静，但它还是从前的平静生活吗？

寒风凛冽，汽车只能开到上书院对岸的一块小空地。空地上，有一个极简易的亭子，里面走出一个白发苍苍的老太太。她说她是看车的，每辆车五元。她收了费，重又钻进亭子。亭子里，有一盆炭火，风透过虚掩的门吹进去，炭火滚出一阵阵浓烟。走在通往上书院的拱桥上，我听到老太太发出剧烈的咳嗽。我看了看空地，只停了我们一辆车。我估计，这样的天气，一天大概不会超过三辆车吧。

山东朋友体胖，好静恶动，且对上帝和他的上书院毫无兴趣，他纯是无聊才陪我深入山里寻找白鹿的。之前，他打算继续曲着身子在车里睡觉，来自平原上的他，对一星半点的山势与陡峭都心惊胆战。他觉得横跨白鹿河通往上书院的那道桥太危险，而这里又曾发生过大地震，它会不会在我们踏步而过时突然倒塌呢？在我的嘲笑与劝说下，他勉强过了桥，但只是站在上书院门口吸烟。他的烟瘾很大，当我走进上书院大门时回头一瞥，我看见他地球仪般的头渐渐隐没在了白雾中。

我独自在上书院里徘徊，没有一个人，除了底楼的陈列室外，其他房间——包括通往楼上的楼梯间——全都上了锁。看样子，这里平时既没有神职人员，也没有信徒，而是彻底沦为了一个景点。当信仰成为景点，我想，我们的生活的确发生了某些不易察觉的病变。

底楼有间陈列室，陈列了一些图片，讲述的就是上书院历史。其中一张照片，是一对正在拍结婚照的准夫妻。不过，他们看上去十分狼狈，新娘的婚纱污迹斑斑，像受了伤的尾巴那样坠在泥地上，新郎领带歪斜，满面惊恐。原来，就在他们以上书院原汁原味的教堂为背景拍照时，8 级大地震剧烈地摇晃着大地，大地像一只汪洋中的船。人生大概就是这么难以预测。当然，能够预测的人生大概也因其按部就班而不像人生。

从上书院里进的陈列室出来，我遇到两对中年夫妇，一律胖胖的，男的戴着金链子，女的还是戴着金链子。一个男的大概说了什么俏皮话，一个女的就追上去，夸张地要打

他，男的转身把她抱起来。都太胖，只转了半圈，便气喘吁吁地放下。当我从他们后面快步走出上书院的门，这座如今已经没有传教士的百年教堂，里面空无一人。幽深的长廊，宽阔的院子，高高的钟楼，它们全都交付给了冬天的风。在风的尖利长啸中，仿佛才打了个盹儿的时间，百年就已成为风中往事。

如前所述，上书院不是一般的教堂，它是以培养天主教神职人员为宗旨的。资料上说，神职人员分为初、中、高三等级在这里学习，从初级一直到高级毕业，前后将费时十年。那些岁月里，数以百计的外国传教士出没于这条深山沟。这条山沟因而也是当时全川天主教神职人员培训中心，从山沟里走出去的神职人员，被他们的上帝撒向四川乃至整个西南地区众多的教堂。正是这种原因，几十年后的白鹿镇，便从一个中式古镇变成法式小镇。小镇上的建筑，几乎全是法式，小窗、小阳台、路灯、从上往下的花草……如果拍照时隐去街上的行人和汉字店招，它与当今的法国小镇并无太大区别。如果一定要说有的话，那就是仿造的白鹿镇更像法国小镇。

我和山东朋友在白鹿小镇的几条街上行走，镇子建在半山腰，街道越走越高，两旁的法式建筑前面，是一排排整齐的梧桐。冬天的梧桐叶子几乎掉光了，坚硬的树干爬了些常青的花藤，而横在风中的枝条像一根根粗鲁的铁丝。

其中一条街道，管理者把它命名为法式风情街。街口路牌上，很自豪地用中、法、英、日、韩五种语言写道：法式风情街区以独具特色的人文景观为主，是中法风情小镇的主要景点之一。街道中，色彩鲜艳的墙面石材点缀圆拱形的花窗，白色的立柱搭配彩色的屋瓦，行走其间，仿若置身梦幻的欧洲街道。

是的，法国传教士早已远去了，但这并不妨碍一座新兴的法式风情小镇在深山里成为景区。冬天的街道显得格外干净，不知道是因为风，还是因为冷。

深山的夜晚来得更早，夜色也更稠。下午五点过，夜色像一张冰冷的渔网，从高高的山上迅速降落，准确地罩到镇子头上。

法式的楼阁。被风吹得愈发干净而苍白的街道。屋檐下和转拐处冻得发红的花。半枯半荣的叶子。袖着手匆匆走过的行人。被风撩起的窗帘。一切，都被罩在夜色这张巨大的渔网里。当最后几个窗户的灯光也次第熄灭（它们让我想起童年时被穿堂风突然吹熄的油灯），除了高远天空还有几颗比城市稍大稍亮的星子，夜晚深如古墓。如果不能迅速地进入睡眠，用睡眠里更浓更稠的黑暗来抵挡夜晚的黑，这样的寒夜，会失眠，会忧伤，会想起已经远去的逝者和终将逝去的自己……

告别白鹿 59 天后，父亲病逝于另一座古镇，那座古镇距白鹿约 350 公里，它叫赵化。秋天淡淡的阳光下，深暗的沱江从镇子下面静静流过，摆渡的船喷出黑烟，发出肆无忌惮的尖叫。不远处，一座大桥正在紧张施工。父亲曾多次说过，大桥修通了，我们来成都就方便了。但他没等到大桥修通的那一天。从两岸伸向河心的桥梁，大概只需跨越几米的空隙就能合龙。

父亲在那座古镇工作了四十多年，生活——即便是从父母把王场乡下老家卖给张文正公的子孙，把家搬到古镇一隅的蚕桑站算起——也足有二十二年。那一年，女儿只有两岁，院子里的黄桷兰还很孱弱；而今，女儿已经从法国求学归来，黄桷兰已经高过了五楼楼顶。

夹关记

夏日善变。倘打一个稍显平庸的比喻的话，就像青春期的女子，悲喜阴晴，其间往往缺少应有的铺垫和过渡。天气如此，白沫江也如此。刚才还风平浪静，蓝有些发绿的白沫江，一场短短的、大概只有一顿饭工夫的急雨后，白沫江变得浑浊、凶猛，像是有人撑腰的恶犬，急急忙忙扑向人间。前后对比，判若两河。然而，这样的洪水也是转瞬即逝的。当你还在为这条河突如其来的狂暴惊讶时，雨过天晴，河水也像挨了当头棒喝，渐渐地低了、细了，终于又从浑浊变得清亮，像个洗心革面重新做人的浪子。

　　这种来得快也去得快的洪水，四川人把它称为"强盗水"。强盗入室偷东西，当然要趁人不注意，来得快去得也快。

　　强盗水的发生，意味着河流上游既有善于涵养水源的大面积的森林，也有吸纳大量雨水的又陡又短的山溪，山溪上，还会别出心裁地坠饰几条瀑布。转过山角，便听见瀑布的水声与溪声交织在一起，如同二重唱。只是一个清亮，一个沙哑。相当于王菲和崔健合唱。

　　以白沫江来说，即是如此。从某人的老家平乐溯流而上，白沫江在两列不太高的山峦之间曲曲折折地流淌。大约行二十里地，就进入了天台山。叫天台山的山峰很多，最著名的可能要数浙东挨着雁荡山的那一列吧。有一年，我带了某人旅行，车经浙东，高速路牌上便有天台山的名字，这让某人顿时生出许多异乡的亲近感。

白沫江发源的天台山是龙门山余脉。龙门山本是东北—西南走向的，当它进入邛崃与芦山（就是那年因一场地震而知名的芦山）及雅安时，山势突然向东边荡了一笔，这一笔就是远不如龙门山雄浑和高耸的天台山。

扼守在天台山脚下的那座白沫江穿境而过的镇子，就是夹关。

所有名字里有关的地方，似乎都给人一种气象森严和历史邈远之感。梅关、山海关、蓝关、白马关、嘉峪关、剑门关……我去过的这些或远或近的关，几乎无不如此。

夹关亦如是。但与上述这些名关几乎都处于要隘相比，夹关却位于天台山麓，是白沫江冲积出的一方小小的平原，四川人称为坝子。小平原狭长却逼窄，像是从大山指缝里不小心漏出来的；又像个发育不良的少年，挤进了一群彪形大汉的包围圈，让人惊讶而又怜惜。

　　夹关虽小，却处于进出天台山的必经之路。翻过山就是雅安，就是芦山，就是通向更为遥远的康定和藏区的官道。至于它所属的邛崃，历史极为悠久，司马相如和卓文君的爱情故事就是在邛崃上演的。因此，我疑心夹关也是极有历史的。于是查了些方志。果然。

　　原来，夹关还有另一个更为形象的名字：夹门关。山势如门的开合，从门里大摇大摆走出的便是白沫江和早晚时升腾而起的云霞。

　　"夹门关，州南七十里，两山夹岸如门，一水中流，岩开小径甚险，仅通车马。西与天全及木坪土司交界。"这是清朝嘉庆年间（1796—1820 年）的记载。

"夹门关巡检司，在州南六十里，两山对峙如门。关以西，汉土接壤，外控彝獠，故设有巡检，统弓兵以戍守之。"这是更早的康熙年间（1662—1722 年）的记载。

所谓巡检司，是宋朝时设立在较为重要的交通要道的巡警机构，负责地方治安，从属州县。我老家赵化，因地处自流井井盐外运的水陆码头，宋朝时也设了巡检司。不过，清朝是没有巡检司的。康熙年间的这一记载，说的是宋朝。

一张脸可能让人想起另一张脸，一个人可能让人想起另一个人，一个地方也可能让人想起另一个地方。在夹关，我无端地想起了碉门。夹关和碉门，尽管它们相距上百里，分属两个不同的县和市，一个在天台山下，一个在二郎山麓。但我把它们联系在一起其实也不是毫无道理的。

首先是源于地形的名字。如同夹关叫夹门关，是因为两山对峙如门一样，碉门也因两山对峙如门而得名。此外，方志上说，夹关是辉煌了两千年的茶马古道上的重镇——茶的普遍饮用，可考的历史不到两千年，茶马古道一说其实是个泛指，总之就是指内地与边地的贸易吧。与夹关相类似，碉门是茶马古道上的另一个重镇。当年由邛崃运往藏区的茶叶、布匹、铁器，在经行了夹关并翻越天台山较低的那个垭口后，就进入了天全地界，再走，便是碉门。碉门，也就是天全县治所在了。不过，改土归流前，还不叫县，那时包括天全、芦山和宝兴在内的所谓天宝芦地方，还属于土司地盘。那么，夹关几乎就是汉区的最后一个据点了。过了夹关，语言变了，气候变了，风俗变了，一切都开始迅速地陌生、隔阂，让人脚步变慢、心跳加快。

有一年冬天，我的左腿在夜里开始疼痛。初时以为运动过度，不承想，疼痛越来越甚，最后竟发展到从脚背一直延伸到屁股和腰。我知道这是职业病在报复了，长时间坐着，难免的。果然，医生说了，是腰椎间盘突出引起的坐骨神经痛。贴了两三天膏药，却完全没有好转的迹象。夜里做梦，老梦见在公园骑马，被那匹暴烈的白马伸出后腿，重重地踢到左腿上。痛醒了，一身冷汗。

有一天，我在网上碰见天全作家李存刚，想到他是骨科医生，便向他咨询。他肯定地说就是坐骨神经痛。不过，不用急。他说，我们医院的老院长专治骨科，你来，包你好。我尚有些不信。他说，我们院长是四川省首届十大名中医，你不信，查一下吧。我查了，果然。

于是就去了天全，晚饭前贴了膏药，膏药仅一元。到了夜里，那匹暴烈的白马没有再来。天明，竟然不痛了。

回家路上，哼起了歌。看看地图，发现从天全到雅安后，如经上里，翻过天台山，可进入邛崃。我向来是不喜欢走回头路，尤其回头路还是高速公路的。

这样，我在雅安南下了高速，沿着一条弯弯曲曲的乡村公路向北而行时，两旁的山渐渐高了，林子渐渐密了，鸟声渐渐胆大了。经过上里，峰回路转，一路上行。终于，当我从天台山的一个垭口翻过去后，在另一座稍矮的山上，我看到山脚下有一片密集的房屋，一线银白的河流从房屋中间流过，河上，横着几座桥，其中有一座没有护栏，石头砌的。

那就是天台山脚下的夹关，或者说夹门关。

夹关多杨姓。中国人喜欢追根溯源，夹关杨姓多认明代杨世安为祖。杨世安是谁呢？查了地方志，知道他是明代的一位官员，其中的一则记载说，杨世安做过兵部尚书。兵部尚书是部长级高官，《明史》当有传，但查了《明史》却找不到。杨世安的墓保存完好，就在夹关镇外鱼坝村的荒野里，墓后青山环拱，墓前阡陌纵横，入目的都是青翠欲滴的山光林色，间或风声裹着鸟声，有种清寂与安详。墓前竖着高大的碑，正中题曰：明故朝议大夫杨公世安张氏墓。

朝议大夫非官职，而是品级。按明例，朝议大夫一般是从四品和正四品的品级，而从四品和正四品，相当于今天的地厅级。估计，杨世安应该是在兵部做过司局级的郎中而非部长级的尚书。

立这块碑的时候，杨世安已经去世至少两百年了，它是清朝同治年间（1862—1874年）杨世安的后裔们所为。因而，碑的后面，顺便把杨世安众多的子息里，最有出息的一对父子也铭刻于上，那就是明朝末帝崇祯年间相继在朝为官的杨守敬和儿子杨伸。

在夹关杨氏家族中，杨守敬父子的名气甚至比杨世安还大，还为人所津津乐道。因为他们父子出任的是"天官"。听起来，这是一个非常高大上的职务。但究其实质，天官乃

是武则天时对吏部的别称。当然，杨守敬父子也算是非常有

出息的，他们从天台山脚下这个远离京师的边远小镇出发，

学而优则仕，终于在六部中名列第一的吏部——相当于如今

的中组部——做到了中层。一个小地方，父子俩先后在中央

最重要的部门为官，自然是一件令亲族及邻里都与有荣焉的

事情。于是，邛崃曾建有父子天官的纪念牌坊，还有一条天官路。当然，就像绝大多数牌坊一样，它早已倒塌。

杨氏父子生活在天崩地坼的明朝末年，不知他们是否有先见之明，在天下还没有完全大乱之前，他们早早地辞职回乡，归隐于天台山中。

明清鼎革时期的四川，从明军到张献忠，从张献忠到清军，一波波的折腾之后，这个曾经人烟稠密的天府之国，到清朝终于完全掌控时，已经只有可怜的八万人口。

小乱藏于市，大乱隐于乡。陷落在天台山深处的夹关，虽然离成都的直线距离还不到一百公里，但在没有现代交通和现代通信之前，显而易见，它就是不会受到外界风吹草动波及的世外桃源。山林贡献山货，平坝出产谷物，清泉长流，气候宜人，是个理想的避世之地。

那么，杨世安的子孙们应该感谢天台山，感谢夹关，当然也该顺带感谢一下白沫江。通往山外的白沫江，是岷江的二级支流。如果在天台山下伐木为舟或是束竹作筏的话，可以顺水漂流到邛崃，到新津，到眉山，到乐山，到宜宾，到重庆，到上海，到东海。

只不过，深藏于天台山深处的夹关人想必没有这份雅兴。太阳从东边的山头跳出来，一天的劳作开始了；太阳从西边的山头没下去，一天的休息也开始了。日出而作，日落而息，曾是这里的主旋律。

杨世安的墓园里，墓碑上刻有一些对联，它精准地传达了几百年前古人的三观。比如其中一联是这样的：思保身，欲持家，须淫赌之悉绝；图光前，谋裕后，惟耕读之能勤。在他们看来，尘世间最高尚的事情莫过于耕读，所以那时对一个家族的最大褒扬，就说人耕读传家，就说人晴耕雨读。用现在的话讲，那意味着精神和物质两手抓，两手都硬。如果为人不硬一些，那么人生就会变软。这道理，亘古未变。

大多时候，把镇子一剖为二的白沫江清且涟漪，完全不像要无端暴怒、在半小时内涨一场强盗水的样子。除了后来新修的公路桥，夹关还有三座更为古老的石桥。站在石桥上，能望见水中的沙石之间，一些细小的鱼在快速地游来游去。据说鱼的记忆只有区区七秒，那么，它们可怜的历史甚至还没有一场来得快去得也快的强盗水长。三座桥中，有两座建于清朝同治初年。据说，那就是当年曾经人来马走的茶马古道的必经之路。只是，如今早已破落不堪。一道桥的桥首，竖着两通碑，碑前，停放着花花绿绿的三轮车、小货车。母鸡带着它的孩子们，大声地唱歌觅食。一个戴鸭舌帽的老年人坐在碑下的一块方正的石头上，半闭着眼，享受着冬天里难得的阳光。在他脚边，一条年迈的黄狗睡着了，嘴角流涎，不知是在梦中重返青春时光还是找到一块肉骨头。

夹关的老街还保留着一些百年老屋。木头与泥土、竹条结构的立料建筑，屋顶是青黑色的瓦。站在高处俯瞰，起伏的屋脊像一条条青黑色的蛇僵立不动。

这些老街，逢场时，会有周边的农民挑着一些竹制品前来出售。竹席、竹筐、竹篓、竹椅、竹笠，以及细长的用来挠痒的竹爬子——北方把这东西叫老头乐，而我老家又把它叫孝顺子。挠得真痒处，唯有自己手，这竹爬子就像自己的手的延长，可以随心所欲地挠到背上任何地方。

竹器大多还带着竹子本来的青色，像是刚从山风中醒来，就被人生拉活拽地运到了集市上。这些竹器制作粗陋，上面还有不少没去尽的竹刺。倘是放在乡下农舍里，便显出十足的乡土气。但我以为，如果把它挂在高级民宿的墙上，比如把原本挂在乡下烟熏得漆黑的厨房里的筲箕，挂进民宿的客厅或卧室，物不尽其用，却显出一种天然和古朴。也就是说，错位竟会带来异样的美。

当然，卖竹器的老农是不会知道这些的。在他看来，竹席是夏天睡觉用的，竹筐是装红苕用的，竹篓是采茶用的，筲箕是盛食物用的。要是把竹席挂在墙上，把竹筐、竹篓和筲箕也挂在墙上，这举动大概和疯子差不多，一样的可笑，一样的败家。

夹关有个我不知道如何称呼，只好叫老人家或老辈子的某人的远亲，他也住在这条老街上，也姓杨，只是不曾问过他，他是否也是杨世安的后裔。

严格地讲，我只见过杨老辈子一次。那年我和某人结婚，他和一帮老亲戚来吃喜酒，这个年岁最大的老人家，安静地坐在大厅角落的一张桌子旁，认真地喝酒，认真地吃肉，认真地咳嗽。吃饱喝足了，他掏出叶子烟，大口大口地吸，大口大口地吐，青色的烟雾从他的嘴里吐出来或是从鼻子里喷出来，在空中形成了云的形状、鸟的形状，或是花的形状，而与他同桌的人，终于忍不住也像他那样咳嗽起来。他只得知趣地收了叶子烟。杨老辈子脸色红润、白发稀疏，由于缺了几颗牙齿，看上去他的脸是塌陷的，如同采煤超过一百年的那些塌陷地区。

再见到他时，他已被装进一口黑漆棺材。棺材安放在夹关老街的某座院子进门的一间破旧老宅，大约是堂屋，却显得有些窄小。一些人在打麻将，一些人在烧茶水，一些人在叩头作揖，一些人不知道为什么忙来忙去。靠墙的桌子上安放着灵牌、供品、香烛，铁铁锅里的纸钱正在燃烧，发出呛人的味道。正中墙上，是杨老辈子的遗像，笑嘻嘻的，像是刚喝了三两老白干。

我是通过某人和某人的亲戚们片断式的讲述，慢慢拼接了杨老辈子的人生的。简单地说，他也是一个有故事的人。

　　话说，年轻时的杨老辈子住在天台山里，他在山中种了几亩苞谷，农闲时，出入林子打猎。他是一个好猎手，敢一个人打野猪。当然，更多的是兔子、麂子和岩羊。几十年前的天台山林子更茂密，而且是没有经过斧锯征讨的原始森林，到屋后抱一捆柴火，也会遇见野物；摘菜的路上，一头迷路的麂子会撒娇似的大喊大叫。

　　杨老辈子隔一段时间就会走下山，走进那时候应该还古意盎然的夹关。他要卖掉野物的皮子，然后买一些油、盐、酱、醋、酒，当然还有他从十几岁就开始抽的叶子烟。

　　天生的猎人总是属于深山的，而深山意味着不需要人的声音，因此杨老辈子对花花绿绿的夹关感到不适，甚至害怕。他总是在桥头的一家杂货铺里完成全部交易。杂货铺是夫妻店，干瘦的男人和肥硕的女人总是笑脸相迎。所以，人家说多少就多少，杨老辈子从不还价，他只想赶紧把这些事情干完，尽早踩着夕阳回到山里。他愿意面对樟树，面对柏树、鬼针草、野鸡、画眉和豹子，那样他才自在，才知道手该放在哪里，脚该放在哪里，才像个人。

有一年冬天，杨老辈子同往常那样，背了几张兽皮下山来到夹关，来到夹关老街那对夫妇开的杂货店。快过年了，杨老辈子除了油盐酱醋酒，还要买些洋油，也就是点灯用的煤油。那时人们把所有从国外进口或是仿照国外生产的东西，统统在前面加个洋字，以示与国产的区别。诸如洋油、洋钉、洋枪、洋布、洋马儿。杂货店的柜台背后，是两三个半人高的油桶，里面装满了通过白沫江从山外运来的洋油。除了洋油，杨老辈子还想买几挂鞭炮，大年初一的凌晨，照例要在院子里放一挂，以祈求来年平安。此外，上坟也是要用的。一年一度，他都要走上十来里山路，走到父亲、母亲的坟前，在坟前的小树上挂上红红的鞭炮，再在树下燃起香烛纸钱，叩几个头，向他早已死去多年的父母报个平安。那时候的鞭炮填装的都是土制的炸药，药多而烈。鞭炮挂在老樟树上，竟把苍老的樟树干炸裂了，渗出一些好闻的樟树油。杂货店的特点就是杂，尤其是到了年关生意最好的时候，屋子里到处都是货物。从洋油到鞭炮，从盐巴到白酒，一间屋子简直难以容人转身。

那天恰好是杂货店老板生日，闲时生，不比逢十，没有客人。杨老辈子走到夹关时，已是正午，老板正在家里小酉。看到杨老辈子这个老客户，老板拉他也坐下喝一杯。太阳很好，一张小桌子抬到杂货店门前的老街上，菜无非是半盘猪头肉、几粒花生米。杨老辈子小心翼翼地喝，小心翼翼地夹了半片猪头肉，小心翼翼地咀嚼。胖胖的老板娘和她的三个或长或短的儿女在一旁吃饭，阳光晃过来，鼻尖上竟透出一丝汗水。

后来，老板进屋拿东西。再后来，全夹关的人都听到了

一声惊天动地的巨响。也不知老板怎么搞的，他竟然引爆了杂货店里的鞭炮，而鞭炮又引燃了两桶洋油。闻讯赶来的人们把火扑灭的时候，杂货店只余下了几道残垣断壁。人们在柜台的角落里，找到了老板半只手、半片脚掌和他戴在手腕上的那只金镯子。

再后来，老板娘就带着三个孩子，独自支撑已经破落了的杂货店。杨老辈子打来的野物剥下的皮，以及在山间采的竹笋、在崖前掏的蜂蜜，依旧送到杂货店，价钱依旧如同从前那样，老板娘说个数，他从不反对。再再后来的一天，老板娘硬要留他吃饭，还喝了一壶酒。酒醒后，他吃惊地发现自己睡在杂货店的楼上，旁边，胖胖的老板娘打着均匀的鼾。于是，这个年近三十的光棍一夜之间就成了三个孩子的爹和这家杂货店的老板。山上的家搬到了杂货铺，连同那支爷爷辈传下来的鸟枪。铜制的枪管已经暗黄发亮，它被杨老辈子小心而怜惜地藏到阁楼上。初时，每到冬天，他还会进山打猎，身后跟着越来越多的孩子——杂货铺老板留下三个，他和老板娘又生了三个。几年后，他已经习惯了夹关的生活。与天台山深处白云点缀的孤村相比，夹关是城市，是烟火，是欢笑人间。

杨老辈子去世前一年，执意要回他生活了三十年的天台山深处看看。儿孙们拗不过他，只得开了车，循着弯弯曲曲的路进了山。路断山横，他们都劝他返程，但一辈子性格孱弱的杨老辈子坚决不从。他穿过葛藤和构树的荒地，竟然找到了几十年前他熟悉的地方。只是，那地方早就没了房子，还依稀有屋基的痕迹。粗大的构树、樟树、柏树生机勃勃，几只松鼠好奇地从树上跳过来，打量着这个头缠白帕，手里捏着叶子烟杆的老人。

杨老辈子在旧时的屋子周围走来走去，终于在儿孙们不耐烦的催促声中离开了。其间，他在废墟里找到两样东西，第一是一枚铜钱，铜钱已锈，还依稀看得出上面的字：同治通宝。第二是一把夜壶，也就是男人用的溺器。夜壶的嘴打烂了。杨老辈子说，这把夜壶，还是打到豹子那年在夹关买的呢！问他打到豹子是哪一年，他想了想说，就是打到豹子那年啊！那年下大雪，地上积了一尺厚，豹子找不到吃的，跑到院子前，我回家拿了枪，一枪把它打翻了。豹子血喷到雪地上，红得像梅花，好看得很。

杨老辈子临终前，向满屋儿孙请求，把他埋到天台山，也就是他从前住过的那个业已不存的院子的废墟上。

我恭敬地在杨老辈子灵前作揖、烧纸。他的遗像在头上不到两米的地方笑嘻嘻的，让我无端地想起他打到豹子的那个雪后的早晨，他的笑一定也这样欢快无杂质。

令我意外的是，杨老辈子的儿孙们没有按他的遗言把他葬到天台山。路途太远，棺材这么重，怎么运得进去？再说，土葬都是悄悄干的，谁敢大张旗鼓？他众多儿孙中的一个向我这么解释。

杨老辈子被埋在了夹关镇外一匹我不知道名字的小山的夹缝里，一个矮矮的坟头，坟前不远处有一棵樟树，樟树上有一只鸟巢。冬天了，鸟巢的主人大概飞到温暖的南方度假去了，空荡荡的鸟巢让人觉得刮过树梢的风更加寒冷。冷得意外。

亲人的号哭是有规矩或者说有讲究的，如果哭的时机不对，便会招来友邻的嘲笑或责备。起灵的时候得哭，落棺的时候得哭。当黑漆的棺材被几条大汉吃力地挪进墓坑，杨老辈子儿女辈中的几个中老年妇女一起哭了起来，整齐而简洁，就像是经过多次排练。不但哭，还要一边哭一边诉说对逝者的不舍和对逝者在人间所受苦难的痛心和伤感。当第一铲土扬向棺材时，哭声必须立即终止，就像断了电的机器那么反应灵敏。

杨老辈子的孙辈已经没有人会哭或者说愿意哭了，尤其是这种有技术含量的号哭更是如同天方夜谭。他们站在远离墓穴的远处，有的在玩手机，有的在打电话，有的在谈论昨晚守灵时牌局的输赢，懊恼一盘清一色已经快做成了却点了炮。妈的，手气硬是霉得很！他总结说。

安葬回来，丧事到此，最主要的程序已经结束。院子里，之前垒起的几个土灶上，高高的蒸笼热气腾腾，乡间的厨子们正在忙碌。中午，院子里摆了十来桌。人们很快团拢，吃饭，喝酒。一会儿，有人开始斗酒，大声说着酒意带来的疯话。不怎么喝酒的人已经结束了饭局，牌桌摆开了。院子里有两株银杏树，黄叶飘飘，不少叶子落到麻将牌上，像一尾尾游到沙滩上的鱼。

我回到杨老辈子的屋子。他的灵前献了一碗饭、一碗肉，还冒着热气。屋子里，也围了两桌麻将，是他的至亲：儿孙、媳妇、女婿。

我白痴地问他们为什么没把杨老辈子埋到天台山，他们便向我解释路途的远和土葬的不易。一个人总结说，虽然没把他埋到天台山，但坟的朝向专门请阴阳看了，是对着天台山的，而且正好对着他以前住的那个院子。我们这也是尽力了，毕竟没弄去烧，还出了几千块钱呢！

第二年春天，我又一次经过夹关。我特意到桥头上去站了站，春天的白沫江不动声色，两岸的油菜花和桃花却急不可耐。如果说春天是个头上盖着红布的新娘，那么油菜花和桃花就是跃跃欲试想要撩开红布的新郎的手。沿着山间公路走向高速路，油菜花和桃花没了，却是连片的茶园。正是采摘明前的时节，一些人在茶园里忙碌。

在高处，我停下车，抽了一支烟。这是一个烟雨蒙蒙的春日。山脚下的夹关隐在雨雾中，山上的云慢慢飘过来，像一床温暖的棉被，盖住了这座古老的镇子。在这样的春天里，睡上一觉是幸福的。哪怕一觉醒来，千年已过。

黄龙溪的前世今生

雕栏玉砌还在，只是朱颜已不是当年的朱颜；正月里耍大龙灯的风俗还在，只是看灯的人已一代接一代地成为过眼云烟。

当府南河带着成都的垃圾与污水一路南来，到了百十里外的黄龙溪，原本污浊的河水自净了；再加上一条叫鹿溪的还算清澈的河流的注入，黄龙溪一带的河水便显得有了几分自然和妩媚。两水交汇，冲出一片小小的平原，平原上，立起了这座在水一方的镇子。

镇不仅是浓缩了的城，它之所以叫作镇，大抵还在于与城市相比，镇往往有着较城市更深厚的历史遗留。或者说，所有的古镇都含有一层城市所没有的岁月的苍凉和逝者如斯的辛酸。而黄龙溪古镇，只要驻足在那夹岸的榕树下，或是行走在年代久远的青石板道上，你没法不生出一丝盎然的古意和冥想。

黄龙溪的生活似乎是静止的，这个据传已有1700年的古镇，1700年的历史就从府河与鹿溪潺潺的流水中一去不复返了。然古风犹存，古镇宛在。众多的明清建筑虽然已有了当代翻修的痕迹，毕竟还保存着旧有的那份质朴，那份典雅和庄严。诸葛亮、张献忠、杨展等四川历史上的风云人物

　　在这里的行踪淡化为古镇依稀的背景，放生会、龙舟会、烧火龙、观音会、川剧座唱等古老习俗仍在先人和今人之间薪尽火传。一代人死了，另一代人继续活着。维系着古人和今人的，不是血脉，也不是流水，而是那些浸入了黄龙溪人睡梦中的风俗、传统，以及生生不息的命运。古街、古树和古庙，这三种元素构成了古镇，古镇的灵魂，也有如一只不死的青鸟，盘旋于三者之上。

　　窄窄的街道是有诗意的。人迹罕至的雨夜里，古镇在夜色的簇拥下安然入睡。如果有一两盏灯火，困倦地亮在小巷深处，如果偶尔响起一两声行人走在青石板上的脚步脆响，它会使那些远道而来睡在旅馆床上的过客心里生出一种别样的忧伤和惆怅。这种感觉在都市里是不会有的，在那些似乎还集体散发出油漆味道的新兴城镇也不会有。从来不曾远离过家乡却又带着一身乡愁的人子，最能为他疗伤的就是黄龙溪这样的古镇，就是黄龙溪古镇的这种寂寞幽深的雨夜。何况还有府河过滩时传来的那一阵阵遥远而清晰的水声呢？何况还有打更的梆子在慢条斯理地一次次敲响呢？

参天的古树有着永恒的绿意，沿着河岸，那些高大的树木几乎棵棵都能独木成林。全镇 7 棵 800 岁以上的榕树更

是似乎成精得道，年年春风驻留，老树们都要发出美丽的新芽。坐在树下的露天茶馆里，看看日头西下、河流东去，几条轻捷的渔船在河面灵巧地来来回回，一种久在樊笼里，今日返自然的感觉油然而生。再想想头上这些古老的榕树，它们竟然在这条河边静静地伫立了800年，目睹了从南宋到当代之间几十代人的兴衰荣辱、生死聚散。虽然内心有无数感慨想要言说，然而，在面对时光和与时光拔河的古榕树时，生年不满百却常怀千岁忧的我们，到底又能说出些什么呢？维特根斯坦说：凡是不能言说的，必须对之保持缄默。面对古榕，我只能保持缄默。或许，此中有真言，欲辨已忘言。

在黄龙溪不足两平方公里的镇子里，居然有三座保存完好的古庙，即古龙寺、镇江寺和潮音寺。而且，它们都位于同一条街上，从而形成了一街三寺庙，街中有庙、庙中有街的景观。古庙和古街都不鲜见，但如此集中的巧合，也还是令人有些意外。旺盛的香火，虔诚的善男信女，或许他们中有许多人也是来自远方的过客，见到这等古庙，免不了随喜一番，因而在看风景的同时，他们也成为风景的构成者。也许，我们所有人对他人而言，都是一道新鲜的风景。我们看黄龙古镇，看幽静的飘满黄桷兰香味的院落，看纯朴自在的镇人，而在镇人眼里，我们这些不速之客，除了为他们带来经济效益外，同时也成为他们生活中必不可少的调味品。我们互相打量着对方的生活，如同两颗擦肩而过的星星，也许永远不会再次相遇，也许明年还会从头再来。

晨雾和斜阳里，古镇迎来了它魅力殊胜之时，那浓雾间的亭台楼阁，高树低花，那夕光里的流水小桥、吊楼古渡，无一不可入画。镇人津津乐道的是，黄龙溪这些独特的景象，曾经使它成为多部电影和电视剧的取景之地。然而，一个真正有历史有底蕴的古镇，当它被当代功利过分地强行介

入，它的那份让人心颤的古意和诗性，也就多少有些岌岌可危。不过，可以理解的是，古镇总得发展，生活还得继续，在先人遗留的传统和现代文明的诱惑之间，我们只能是一只摇摆不定的风筝。

法国的天才短命诗人兰波说过：生活在别处。那是文人的带有几分作秀色彩的颓废。黄龙溪和黄龙溪的人民不同，他们显然不知道兰波，也从不认为生活在别处。其实，精彩抑或平淡的生活对他们来讲都在这里——在这些高大的榕树下，在这些古老的街巷间，在府南河和鹿溪河卷起的朵朵浪花中，在打更匠夜夜准时敲打出的梆子声里。岁月，就像临街而过的河水，虽然流水远逝，但河岸的榕树还记得，河上高架的索桥也还记得。

对黄龙溪和黄龙溪人民而言，我只是匆匆的过客、快乐的饮者和忧伤的观察家。我无法更深地进入他们的生活，他们的生活片断却不断以切片的方式进入我的视野：

罗老大和他的游船

罗老大并不老，看上去有些沧桑。他有些不好意思地搓着手说，我这人，特别显老，不像你们城里人。他不知道他并不是真的老了，而是沧桑——而沧桑原本可以作为一个男人的成熟魅力的，只是罗老大没有这么想。这是一个谦虚而善良的人。

罗老大的游船就停在黄龙溪的简易码头上，说是游船，不过是一条不足十米长、两米宽的木船，船上搭了个凉棚，船舱里则安放了些椅子。罗老大告诉我们，他原本是镇子边上的农民。在川西坝子南缘的肥沃土地上，靠着汗水和吃苦，要填饱肚子当然是容易的。不过，罗老大算有眼光的农民，上世纪80年代，当他看到越来越多的游人到镇上游玩时，便卖掉了家里的一头肥猪，然后拼上多年来的一点积蓄，打造了这条船。

生意不是太好，因为游船太多。当然，在那种春暖花开游人四处踏青的时节，生意相对来说还是不错的。"去年春天，我一天就挣了几百块，游人太多了，生怕找不到船，连价钱都不讲就要了。"罗老大有些兴奋地说。不过，末了他特意强调了一句："我可没敢乱要价，我不挣那种黑心钱。"

黄龙溪的游船其实划不了多远，一般是溯鹿溪河而上，大约也就一两公里的水程。两岸全是青郁的庄稼地，不时有

　　一两棵古老的榕树历尽沧桑地沉默在那里。但黄龙溪的游船还是有点创意的——可以把酒菜从餐馆抬到船上，然后坐在船头，一边喝酒一边游河。

　　这一创意无疑令好酒的我怦然心动。于是乎，一桌酒菜在罗老大的热情招呼下上了他的船，他在船尾慢慢地摇着船，我们则在船头一杯接一杯地饮酒。游船缓缓驶向了鹿溪河幽深的水道，可能因为不是节假日，整条河上除了我们的船在划动，其余的都安静地泊在河岸边。船桨搅动着河水，河风吹来，夹杂着两岸树丛中高一声低一声的鸟鸣，没有人声和市声，让人一下子便感觉到了一种地久天荒的宁静。

罗老大认为我们选择在白天游河饮酒并不是最佳选择。他说，如果在晚上，那就更舒服了，河风清爽得很呢！为此，他力劝我们当天晚上住下来，那样的话，我们就可以去验证一下，他所说的夜晚游河的美妙绝非胡说。其实，不用验证，我们也是可以想象的：皓月当空，满河水起风生，天上一个大月亮，水中则是无数个被桨打碎了的小月亮，那种感觉能不美妙吗？再加上一桌以本地所出产的黄辣丁为主菜的酒食，苏子当年泛舟赤壁，亦不过尔尔吧？

但我们注定只能短暂停留，只好信誓旦旦地对罗老大说，到了秋天，我们还会来的，来了，还是坐你的船。罗老大就憨厚地搓着手，认真地点头。

对了，罗老大大约从我们的交谈中听出我们和文化似乎沾点边，于是就用极自豪的口吻告诉我，成都某个电视台的记者曾经多次坐过他的船。他说，我这里还有他的名片呢，他每次来黄龙溪，都坐我的船。他又换了个女朋友，要比他小十多岁呢。罗老大慢慢悠悠地划船说话，就像在说另一个星球上的事情。

榕树下喝茶的盲老头

他花白的头发和盲了的双眼使我无法确切地知道他到底有多老，反正他很老了。结果当他告诉我他已有九十岁时，我还是吃了一惊。你一直生活在镇上吗？不，年轻时在外面闯荡，七十岁了才回来的。哦。那你天天来喝茶吗？是呀是呀，人老了就睡不着，五点钟就醒了，过来喝早茶。除了喝茶，你平时还做什么呢？还做什么呀，我还能做什么？听川戏嘛，摆老龙门阵嘛。你老真长寿。痴长呀——你说说，这人怎么说老就老了呢？好多时候，我觉得从年轻时到现在，好像才睡了一觉似的，就老了。盲老头无奈地伸出手在面前抓了抓，似乎想抓住流逝的岁月。但是，黄龙溪水也抓不住的，我们又怎么能抓住？春风里，盲老头的面容更加苍老，他曾经沐浴过九十次旧了的春风，当新一年的新的春风吹来时，我不知道榕树下是否还能有他清瘦的身影。

卖花环的小姑娘

　　黄龙溪到处都有卖花环的，主要是些老妇人。那些花环用一种叫蕨鸡草的草扎成，上面再插上一些采自田野里的小花，看上去挺美，而且便宜，一块钱一只。一些来自城里的女子买了之后戴在头上，很幸福地让男人们为她们照相。对她们来说，这好像也算是一种浪漫的事情吧？但卖花的人可能比买花的人还多些，我们同行的女孩子就遭到好多位卖花老妇人的围攻，一个个都要让她买。她不买，老妇人们就不走。只有一位小姑娘，穿得有些破烂，手里拎着花环，站在老妇人们的外围，大约也想叫卖，却有些怯生生地看着我们。当我注意到她和她的花环时，她的眼里流露出一种企盼，这种企盼我也曾经有过。于是，我买下了她手里所有的花环，一共五块钱。老妇人们不高兴了，扔下我们同行的女孩子围攻我，我只得拿着小姑娘的花环宣称要上厕所。这些花环，这些还散发着田野气息的花环，它是除了中午那顿丰盛的乡野宴席之外，给我带来喜悦的另一种物什。

捕蝉的孩子们

黄龙溪对岸有片平原，平原上是长势良好的高粱和玉米，以及一株株挺拔的不知名的树。一道架在府南河上的铁索桥将两岸连接起来。对镇上的孩子们而言，对面那片青纱帐自然是一个好玩的去处。在那里，我遇见了几个捕蝉的孩子。正午时分，太阳挺辣，可他们却一个个浑然不知，睁大了眼睛四处捕捉蝉的影子。恍惚间，我仿佛也是他们其中的一个呀，在母亲千呼万唤之后，才依依不舍地扔下手里捕到的蝉，在河水里洗净了手上的污泥，然后回家吃饭。

站在捕蝉的孩子们中间，隔了府南河眺望古镇，榕树掩映，古老建筑依山傍水，显现出一种令人平静和安详的气息，如同一个见惯了世事的长者，在宽容地打量着喧嚣的尘世。这，也许就是黄龙溪那前世今生的既定灵魂吧？

一朵火的火井

造屋的人已经撤退了。在无限的光阴中，每个人短暂的一生就像是值守一段毫不起眼的防线，这防线，很快就会被岁月的大军攻陷。然后，就是别无选择地撤退。比如那个造屋的人。比如几十年后的你我。更何况，造屋的人值守的那段防线，比起普通人来，还要短一些。

　　幸好，他造的屋留了下来。它像一只沉默而衰老的野兽，流落到没有森林没有山峦的平原或街市，惊慌失措，猝不及防，与周遭事物格格不入。它过于庞大，过于精致，也因时间的发酵而过于腐朽，仿佛这里的空气都在长久的保管与收纳中散发出霉味。带刺的霉味。

　　从邛崃市区西行，几公里便走完了最后一段花团锦簇大路朝天的平原，公路试探着进入了山区。邛崃山的余脉，连绵的山一圈又一圈，头上顶着青黛的林子，薄薄的雾气在山与山之间流淌，大地如同巨人布下的小小盆景。汽车，不过是盆景上附着的一只最小的蚂蚁。

　　盆地的太阳性情懒惰，如同不理朝政的昏君，刚刚在东边山上一晃，雾气吃他一吓，正打算溜走，它却抢先退朝，落入了哪一片云朵的行宫。被它宠幸的云朵散出一些骄傲的绯红。于是，雾气继续缠在山间，像是无数张细碎而白的手帕，在为青色的山峰擦拭身子。

火井镇就藏在一团又厚又湿的雾气里，如果不是它的名字中有一个火字，靠近火井，我会觉得更加阴暗、寒冷，更加怀疑冬天的日子可能从来就没有真正地天亮，白天只是夜晚意犹未尽的延长。

火在火盆里燃烧，一朵，两朵，三朵，无数朵。无数朵火连成一片，像一匹低吟的红色绸子。站在距它几十米的地方，我也能感受到它的温暖与妩媚。在这种滴水成冰的邛崃山间的冬季，燃烧的火让我联想到一群慌着散学回家的孩子，校门还没打开，孩子们就发出小声而执着的尖叫。整整一个冬天，这火都在火盆里燃烧，却从来跳不出火盆浅浅的边缘——除非是那些燃烧过的奉献了最后一丝热量的灰烬。木头，闪着深黑的光，像是从历史深处打捞出来的，沉默、世故、不善言辞。总之，冬天的火像冬天的老头，它们都陈旧而伤感。

火盆摆在火井镇街头。是一片不太整齐的屋子，高的矮的，新的旧的，但万变不离其宗，只看一眼，你也能看清它属于小镇，属于小地方。七八个老人围坐在背风的屋檐下烤

火。火是他们的中心、灵魂和引领者，更是他们的黏合剂。漫长的冬天，无数的老人被一盆火黏合在一起。

原本，我以为他们会用当地方言，从早到晚拉些家常。事实上却是，因为当邻居太长，因为做朋友太久，他们已经因为过于了解而无话可说。大多时候，他们保持沉默，出神地望着火盆，听着木柴在火盆里偶尔发出哗剥的燃烧声。如果有一条狗从远处跑过来，这条狗也会因为过于熟悉过于了解而丧失叫一声的兴趣。

所以，当我出现在街头，这条狗立即兴奋地狂叫一番，一边叫一边摇着尾巴。这是一种矛盾的态度：狂叫表示警惕和拒绝，而摇尾巴又表示放松和欢迎。然后，有几个老人终于把目光从火盆里拉扯出来，散漫地看着我，像看着从屋子背后的森林里，不小心钻出来的一只松鼠、一条青蛇，或是一只花俏的竹鸡。

　　火井其实应该是另一种火。我是说，一朵火的火井，它的火不应该是由木柴发出的，而应该来自大地深处，来自千万年前那些以身子化作了石油和天然气的微生物。在路人的指点下，我来到火井镇外。那里，有一匹叫花果山的小山，树木青得发黑，把远处的群山衬得越发伸手可及。花果山前，是一片小小的平原，当然，在四川话里，这种平原只能叫坝子。坝子上，阡陌纵横。秋收后的田野空空荡荡，唯有一些经冬还没有完全枯死的杂草在微风中凄寒地晃，像一些年事已高的老人，大半夜，哆嗦着身子上厕所，走一步，咳三声。

　　就是在这片田野尽头，有一方十多米高的石碑，碑的正面，有五个大字：汉代古火井。侧面，也有五个大字，更牛，道是：世界第一井。

最初，我就是为这口井而来的。它是如今这座叫火井的镇子、从前叫火井的县份名字的由来，它是根、源、和前世。

最早为火井留下文字记录的，是西汉时的伟大辞赋家和学者扬雄。扬雄是郫县人，其家与火井相距只有百余里。他在《蜀王本纪》里说，"临邛有火井一所，纵广五尺……井上煮盐。"扬雄之后，四川的另一个大牛人，方志鼻祖常璩——他是崇州人，崇州与邛崃山水相连，距火井只有几十里，他对火井的记载更富于细节，而这些细节让我有理由相信，常璩一定来过这里。一千多年前，从崇州到火井，骑马大概半天，走路的话，就算文人走得慢，且要一边走一边推敲吟哦，估计也就两天时间。他关于火井的细节是这样的："临邛……有火井，夜时光映上照。民欲其火，先以家火投之，顷许，如雷声，火焰出，通耀数十里。以竹筒盛其光，藏之，可拽行终日不灭也。"

数以亿年计的时光之前——在如此庞大的时光前，我们几十年的人生，犹如一条环绕地球赤道的防线，而我们只负责值守其中的几毫米——海量的微生物代复一代地死去并沉积，诸多机缘巧合的条件下，它们最终成为我们不可或缺的

两种东西：石油和天然气。

地质史上，四川盆地是一片面积辽阔的大海，后来因地壳隆起而成陆。那些湖盆里的生物，它们生时，我们无缘结识；它们死去亿万年后，却进入了我们的生活，成为我们生活的驱动者、温暖者。

因为有天然气，有世界第一井，还有同时从地底喷涌而出的可以熬制食盐的卤水，群山捆绑的火井，在唐代——是火井县，它与南河出山处平坝上富庶的邛崃原是平起平坐的兄弟。

所以，看到那些燃烧的火盆，我略有些惊讶。这个世界上最早使用天然气的镇子，它用来取暖的，应该是天然气，而不应该是木头。

我看到的却是木头，投放在火盆里燃烧的木头，偶尔发出响亮声音的木头。后来，当我终于走近这些老人，走近那些燃烧的火盆时，在屋檐下，我看到一些码放得整齐的木柴，它们将要在这个邛崃山脉的漫长冬天里，一一化为热量，化为烟尘和灰烬。

一个老人把几根木柴放进火盆。其中一根是夏天时从山下砍下来晒干的杂木，而另一根，像是一座老房子的窗棂；

还有一根，大概是从旧家具上拆下来的，木头上，还雕刻着几朵细致的花纹。认真辨识，像一朵荷花。它是一架老床上的横栏吗？荷花遇到火花，立即发出呼呼呼的欢叫，就像它作为一架床，在人间辛苦了几十上百年，现在，终于可以在火花的拥抱和淋浴下，沉沉睡去，如同从前睡在它怀里的人，他们，此刻也早已沉沉睡去。干冷的冬天，能够温暖地睡去，哪怕是睡在一朵火里，也将是幸福的。

一条河从山里流出来，从火井的镇子中央穿过去，它把镇子分成了两半。河床宽阔，河水却少，就像一个半大孩子穿了爸爸的衣服，有些不合身。河滩上布满乱石，红的，青的，都有。河滩旁的泥地上，生长出许多花草，虽是冬天，却还有一些是红的，虽然红得力不从心，可到底是红的。

镇子零乱而破旧，老街上，清末民初的穿斗结构房子，有不少已经倾斜，青的瓦，深的木，灰的街，偶尔有一个鲜艳的女子经过，小镇似乎就光亮了一刻，等她走过去，天又迅速地暗下来。

其实，火井也曾经持久地光亮过，火井有过它的花样年华。唐朝时的火井县，那时候，出任第一任县长的，是著名天文学家和预言大师袁天罡。火井幽深的古井里喷涌而出的，不仅有可以拽行终日不灭的天然气，还混杂有大量盐卤，"井有二，一燥一水"。"燥"为天然气，"水"就是卤水。利用同一口井中天然涌出的气和卤，架上大锅，便可煮卤成盐。

隋、唐、五代、两宋，700年光阴弹指一挥，等到元朝时，火井的气卤采尽了——其实只能说是当时的技术无法再继续开采，这座曾富庶显赫一时的上县也就此谢幕：燃烧的盐灶熄灭了，商人走了，井架塌了，火井县重回火井镇。

又一次来到火井时，是为某台写了一个纪录片的本子。我写的那集是关于邛崃的，而在说到邛崃诸多可圈可点的历史时，火井镇和它的世界第一井自然是重头戏。

导演是从京城来的。我去探班时，已经拍了些时日。转过公路，我看到花果山前的那片空地上人山人海，小镇似乎从来没有这样热闹过。然后，我好不容易挤进人群，经人介绍，见到了京师来的两个导演，一个导演阴着脸，墨镜反扣在额头上，焦灼的表情恍似大师；另一个手里拿着对讲机，正在指挥。然后，我看到几十个装束古怪的男女，在古井前列着队形，随着导演一声令下，纷纷摆出古怪的姿势起舞。

另一个老者，念叨着什么文字。这是什么呢？导演有几分得意地说，我们虚构了一场祭祀。古代邛崃人，应该就是这样祭祀火井的。

古怪的祭祀还没结束，我已经没有观看的兴趣。这些虚构的祭祀，它不仅是后人想象的表演，而且拙劣、怪诞。设若几十几百年后的来者，想要了解这段历史，恰好看到的是这些影像，显然，历史被人为地涂上了口红和油彩，甚至人工隆了胸、割了双眼皮。与此相比，我倒是更愿意回到镇上，看看那片长满野花和杂草的河滩。当然，更重要的是，我还想去看看那座庞大的屋子。

那时候，造屋的人早已经远去。它留下了那座庞大的屋子，像是一头沉默又胆怯的怪兽，静卧在大山草木投下的阴影里。

那一年，衣锦还乡的人决定在家乡造屋，造一座能够彰显他的财富、地位与尊严的屋。如今，人们把他造的这座屋叫海屋。但他不姓海。他姓邱，叫邱子文。邱子文早年混迹行伍，后来在重庆海关任职。大概是为了纪念在海关那段难忘的日子，他花了重金修下的这栋房子，没有按惯例叫邱府或是其他什么第什么居，而是命名为海屋。名叫海屋的屋子，主人既不姓海，离大海也有着几千公里的距离。它坐落于深山中的小镇尽头，只有一条几乎干枯的小河，从门前的石坎下悄悄流过。

1934年，中西合璧的海屋在山沟里落成，与周边那些青瓦房甚至茅草房相比，它的鹤立鸡群是完全可以想象的。不过，海屋刚落成不久，红军长征路过，邱子文带着细软逃进城里。他无法带走庞大崭新的海屋，海屋便成为红军的营地。当红军走后，海屋又变身国军某旅驻地。更要命的是，

在海屋落成仅仅九年后，造屋的人就走了，永远地走了，留下这座雕梁画栋的豪宅。

我在一个秋天的下午来到海屋。日头偏西，光线被山头上的竹林稀释了一番，等到它落进海屋高大的门楣上时，有些力不从心，就像因为翻山越岭，显得有些疲惫而慵懒。尽管外墙看起来还很雄浑，但里面的楼道已经腐朽，走上去，发出吱吱吱的叫声。这叫声，在空荡荡的院子里回响，如同夜深人静时，老鼠在咬着隔壁的床脚。

海屋还住着一个老妇人，望着我咧开嘴笑，失去了牙的嘴如幽深的洞穴。我基本无法听清她短促的方言。她坐在天井中的一把小椅子上，熟练地收拾一些青菜。阳光从天井上空投下来，照着一些晾晒在天井里的青菜。青菜离开泥土已经两三天了，原本盎然的生机不见了，显出奄奄一息的枯与干。每年秋天，山里人都要用青菜制作腌菜。那是大雪封山后送饭的重要菜肴。尽管如今不再有大雪封山，尽管如今只要逢场，哪怕是火井这样偏僻的小镇，也会有从西昌从云南贩运过来的新鲜蔬菜，但制作腌菜就像一个习惯性的作，每年秋风响起，家家户户的女人就会不由自主地动起来。

海屋有着高大的门槛，像一堵小小的墙横在半空。门槛用的是极好的楠木，虽然岁月久远，外表已腐烂，但只要用刀削去表面的陈木烂渣，里面仍然会有楠木拐着弯的香气。天井囚禁的天空又小又窄，仰了头望出去，无非一些云影，一些鸟羽和几竿竹枝。秋后的太阳斜着身子在天空踉跄地走，像个醉汉。当我坐下来，准备在天井里抽一支烟，我看到一条长着两排长足的蜈 从青砖的缝隙里爬出来，它爬过一匹砖，又爬过一匹砖，它的前面是矮墙般的门槛，它犹豫了一下，开始翻越门槛，如同人类翻越一座高山。

从海屋出来，我碰到一群看了拍纪录片回来的人，一边走，一边兴奋地议论。

瘦子说，我们火井要出名了，中央电视台都来拍了。

胖子说，要是出了名，打造成景区，就可以像平乐啊安仁啊一样了。

瘦子说，是啊是啊，生意恐怕会好得多。

胖子说，那倒好哦。

站在海屋门口，才中午一点钟，太阳竟不见了，不知什么时候从森林那边抢出来一朵又大又厚的云，像一张网，把太阳网住了。风起，竟有些寒凉。

我听到背后传来那个老妇人的声音，回头一看，她抱了几棵青菜，看她的手势，是要把这几棵青菜送给我。

　　我抱着实在无法推却的几棵青菜走在火井镇的街上，不逢场，围观拍片的人也散了，街面便显出深秋的落寞与荒芜，像是火井碑前那片收割后的田野。虽然有一些渐渐枯萎的杂草还在风中努力招摇，却愈发显出秋天深处的萧条。

　　从火井镇中心流过的那条山溪，秋日水浅，露出满床石头，它是文井江的支流，名叫盐井溪。这个名字又暴露了火井的秘密：想必许多年前，这条小溪两岸，曾有过能带来滋味和财富的盐井。

　　三株黄桷树，像三个遥相呼应的大内高手。其中一株直径两米，高却只有几米，恍似身胚粗大的矮子巨人，又恍似巨型的盆景桩头。据说，这树竟是唐朝时的火井令张巡手植，生存已有1200余年了。如果没有意外，它还可以再生存1200年，也就是60代人的光阴。

　　一条老街，全是立料加青瓦的民国建筑，一底，加一个矮矮的阁楼。曾经，我的老家安溪镇和赵化镇也全是这样的老房子。站在阁楼上，高一些的人一定得低头佝腰，不然会碰到青瓦，把房子顶出一个窟窿。

老街上有几家店子。一家理发店，一面镜子立在一块木板上，木板是从墙上钉出来的。旁边，胡乱放着剃刀、推子、梳子。镜子前，摆着一把古老的硬木椅子。门前，一只烧蜂窝煤的炉子，上面坐着一把炊壶，为顾客随时备着热水。没有顾客，年迈的理发师坐在另一把硬木椅子上打瞌睡，发出低沉的鼾声。这样的老理发店，县城以上的城市都难以寻觅，纵使在火井，也颇有些不合时宜，没有与时俱进。稍微讲究一点的人都不会把头交给它。只有从山里来赶场的上了年岁的老山民，才会解去头上缠着的白头帕，闭上眼睛，听任年迈的理发师用一只推子推去他几乎全白的头发。推子的声音吱吱吱地响，它是午后时分火井老街上唯一的声音。但今天不逢场，没有山民前来问津，老理发师只得沉沉睡去。

距理发店几丈开外的街道缺口处，一角岩石下，开出一丛菊花，黄亮亮的，像是阴天里点燃了一根根粗大的蜡烛。我站在岩石前，掏出手机为这丛孤独的菊花拍照。一个八九岁的小男孩过来，兴奋地指着远处的山：叔叔，山上有很多菊花。

我点点头，看着远处逶迤而过的大山，树木繁荫，当然看不到小男孩说的那些菊花。菊花一定是开放在温暖的低处。

大师傅手指骨节粗大，仿佛戴着十枚铜顶针。他有一双鲤鱼般肥厚的大手，手上的老茧恰似起伏的鱼鳞。他炒完了最后一桌客人的最后一盘回锅肉，终于伸出手，在店门前的一只乌黑的水桶里胡乱洗了一把，然后，用一张油渍渍的毛巾擦干——我注意到，毛巾上的图案是一只肥胖的熊猫，熊猫的脸已经洗得破了，像是被毁了容，肥胖的身子显得很沮丧。

大师傅惬意地坐在临街的那张八仙桌上，一个半大小子为他端上一碟花生米，半盘被油冻住了的猪头肉。他从柜台后摸出一只土陶坛子，倒出一碗微黄的液体，大概是泡了枸杞的酒。他端起酒碗，闭了眼猛然扯了一口。然后，我看到，他原本黯淡的脸上顿时有了几丝红晕——让我想起街口老人们围住的那盆火，火色已暗，木柴都已披上黑黑的灰。一个老人蹲下身子，伏在火盆边，向着火盆里细心地吹了几口，木柴间重又蹿出几条猩红的火舌，把灰黑的木柴舔得明亮。

　　大师傅没有回答我的疑问。他看了我一眼，又喝了一大口酒，夹起两大块被冻在一起的猪头肉放进嘴巴，他用力咀嚼的样子让我想起反刍的牛，或者马。

　　我的疑问是：镇子上的人为什么这么少？

　　大师傅咽下了猪头肉，用含混不清的语音说，从前啦，从前，火井镇是这一带数一数二的大镇子哦！

山泉：一朵雪花，一朵桃花

1991 年，我上大二，年轻得像一株风中的楠竹，淡淡的太阳一晃，立即就会冒出满地笋子。虽然这些笋子一棵棵都怀有壮志凌云的梦想，最终却如同脸上密密麻麻的青春痘，青春期一过，自然无影无踪。

那年冬天，我所在的川南自贡下了一场大雪。大雪是从细小的雪粒成长起来的，一会儿便长成了鹅毛。整整一个白天，大雪一直在下，到黄昏掌灯时，雪小了，地面已堆起足有一二十厘米的积雪。我和同班同学老吴坐在校门外的一间小店里喝酒。大概下着大雪，空荡荡的小店里，除了我们俩，就只有袖着手缩了肩打瞌睡的老板娘。

老吴和我一样，也是农村孩子。准确地说，到大雪纷纷我们对饮的那个冬日夜晚，我们才刚刚跳出农门把户口从农村转到城市一年多。只不过，我们来自自贡的两个端点，他的老家在最西北的荣县老龙，那里与乐山交界，有一列丘陵深处突然拔地而起的山峰，干旱少雨，一如他的脸，总是缺少水的滋润。而我的老家在最东南的富顺赵化，那里与泸州接壤，沱江横贯而过，年年夏天都会涨一场大水。最厉害的年头，木船一直划进镇中心的两湖会馆。水退后，张大娘的阁楼上竟捡到四五斤鲜鱼。

老吴有一口难以听清的荣县话。后来我翻阅方志才知道，荣县那地方，古时一直是獠人地盘，语言上与自贡其他地区格格不入。盐，读作银；面，读作命；太阳不是太阳，是太银。发钱不是发钱，是发情。学老吴说荣县话，曾是一段时间里我的主要乐子之一。

老吴不恼，还为我纠正发音。于是，我们就成了朋友，一同从学校的集体宿舍搬出去，在附近农舍租了间小屋，夜夜抵足而眠。

夜雪清冷，酒精的力量却催生出许多豪情。我一再和老吴斗酒，他酒量不十分的大，只好一个劲儿告饶。打瞌睡的老板娘被吵醒了，可能念着热被窝的温暖，含蓄地提醒我们她要打烊了。

我们只好知趣。不过，临行前，我要老吴写下一纸降书顺表，上面明确写道：吴成华于某年某月，饮酒不敌聂作平，甘拜下风。云云。那张字条前些年还在，以后多次搬家，终于弄丢了。

和老吴相携走出小酒店的板门，外面风裹着雪，下得正紧。我说，狗日的老板娘，她倒抱着老板睡得安逸哦！

老吴说，那你也去找你女朋友啊！

我的女朋友远在成都，相距两百多公里呢。那是一个高速公路还没有出世的年头，更何况，还是一个深冬的雪夜。

但酒后的欲望强烈如青春的骚动。我说，老子马上就去坐夜车。十一点半有一班自贡到成都的夜车呢。

说完，扔下老吴，我大步朝长途汽车站方向而去。老吴愣了一会儿，追上来，一边追，一边脱他身上那件黑油油的皮夹克。这回轮到我愣住了，你干什么？你想回店里和老板娘挤热被窝么？

老吴说，老子热得很，好不好？来，把你的牛仔衣脱给我，我们换一下。

我心里一热，终于明白了，他是怕我路上冻着，要把更暖和的皮夹克换给我呢。

半个小时后，我裹着老吴的皮夹克，穿过弥天风雪，出现在自贡长途汽车站的售票窗口前。

十年过后，我不可救药地长成一个胖子，老吴依旧中等身材。看着他，我觉得这简直是一件不可思议的事：他的衣服我居然曾经很合体地穿在身上。

看来，无论后来多么油腻肥胖的中年男，都有过一段短暂而消瘦的青春岁月。

那时候，自贡和成都之间的主要交通方式是火车。绿皮火车，窗户可以往上抬起的那种。当然没有空调。绿皮火车喘着粗气，需要八九个小时才能完成这两百多公里的路程。至于长途汽车，它像一只年迈的甲虫，小心翼翼地沿着灰线般的公路爬行。公路崎岖，不时点缀一些巨大的坑。汽车跌进坑里，又不堪重负地爬出来。坐在车上，犹如逆水行舟。汽车行驶的时间从七八个小时到二十个小时不等。这主要看运气。比如汽车会不会突然坏在路上。比如会不会因修路或是前面轧死了一条狗，或是一辆货车坏在路中央而被迫停几个小时。

那个雪夜的出行却是顺利的。尽管风雪交加。我坐在汽车前排，透过前窗玻璃，在汽车大灯照耀下，我看到雪花还在缓慢而固执地起舞，蓝星球上最自恋的家伙，哪怕空无一人，哪怕深山野地，它也要一丝不苟地舞蹈。公路上也积了薄薄的雪，往来汽车一碾，化为污浊的泥水。汽车驶过，发出吱吱吱的叫声，像是一群老鼠在车轮下呻吟。两旁，是远的山，近的树，间或有一些村庄。村庄里，还亮着一两点灯，红得很淡，让我想起朱箔飘灯独自归的诗句。虽然不太恰当。

　　车内，稀稀地坐了十几个人，长途汽车愈发空而冷。一个小时的行驶后，左邻右舍都已经熟悉了。那是一个防范心远不似今天的年代，我的自贡老乡们大多还相信同船过渡三世修，这是一种难得的缘分呢，更何况这种雪夜同行。

　　一个老头，手里捏着叶子烟，烟头明灭，像是与窗外的灯光眉来眼去。他是到成都找儿子的。狗日的，出去挖野斋七八年了，只回来过一回。再不回来，他婆娘就要跟人家跑了。挖野斋是自贡方言，就是打工的意思。老头有几分愤怒，大家都劝他看开些。儿孙自有儿孙福，莫为儿孙做马牛。又问他，你儿子七八年没回来了，你晓得他在成都干啥吗？晓得他住的地方吗？老头自信地说，晓得的，他是泥水匠。同村的说他就在红牌楼。红牌楼那么宽，你到哪里找他？路就在嘴巴下头嘛，怕什么。老头的烟杆接连亮了好几下，空气中弥漫着一股浓烈的烟草味。那时候的车上是允许抽烟的，尤其这种夜行的长途汽车。

一个扎着马尾辫的姑娘大声咳嗽起来，大爷立即知趣地说，我把这两口抽完，再也不抽了啊。

姑娘是到荷花池进货的。她在自贡新街开了一家服装店，生意不错，每星期都要坐这班车去成都。她说她前年参加高考，只差十分，没考上，不然也不会干个体户。那年头，个体户远不像后来那么火。听说我是大学生，虽然只是自贡地方上一所不入流的大学，她仍然表现出了极大的羡慕和热情。许多年过去了，我还记得雪夜里那张清丽而生动的脸。

一个少妇，带着五六岁的儿子。儿子早已睡熟了。少妇怕他着凉，忙着用一张毛毯把他裹起来。少妇说，她男人在成都当兵，是个营长，终于为她和儿子办好了随军手续，她这就是去随军的。从明天起，她就算成都人了。你的福气好啊，大爷感叹说。姑娘却好像撇了撇嘴，低声对我说，靠男人算什么？

一个小干部模样的男子，提着一个那年头常见的黑色人造革包。他说他是某厂采购员，厂里原料用完了，供货商却迟迟不发货，厂长就派他连夜赶往成都看个究竟。他好像也喝了酒，带着淡淡的酒味。他说，打霜下雪的，要坐一晚上汽车，不是为了这个铁饭碗，谁肯干？

大爷又感叹，还是你们城里好啊，铁饭碗，每个月到了时间就发票子，哪像我们农民，脸朝黄土背朝天的，还吃不成吃、穿不成穿。

……

在这种有一句无一句的闲聊中，终于，不知从哪一刻开始，一个人撤出了闲聊队伍，渐渐响起了鼾声。然后，更多的人撤出了闲聊队伍。当鼾声四起时，我却睡不着。我出神地望着窗外，窗外黑漆漆的，至多只能借助车灯的光，辨识出模糊的山影与树形。唯有当汽车经过一个个小小的场镇并穿过街道时，稀落的路灯才照耀着一间间沉睡的房屋。人间，在这样的雪夜里，最适合的事情就是钻进热被窝好好睡一觉。哪怕大雪如同一床冷而重的湿被子，铺天盖地地笼罩荒凉大地。

大雪闪烁银光的夜晚，黎明似乎也因这光亮而来得早一些。

当我从沉睡中醒来时，我感觉到熹微的晨光像一根铁钉，在夜幕上钻出了一个小洞，光芒就从小洞里执着地涌进来。

从自贡到成都，几乎全是丘陵。这些丘陵大多属于紫色土，宜于农耕，宜于生长水稻、麦子、高粱、玉米，以及橘子和油菜。这是四川盆地人口最密集的地区。但这样的丘陵从风景来说，完全乏善可陈。它像一篇平铺直叙的说明文那么冗长无趣。

所以，天刚蒙蒙亮时，我敏锐地察觉到了大地的变化：窗外的山渐渐高了，树渐渐多了，人烟渐渐稀了，公路蜿蜒得更厉害了。

我知道，一定是龙泉山到了。作为成都平原与川中盆地的分水岭，隆起的龙泉山与川西动辄三四千米的雪山相比，当然要矮得多，只不过千把米而已，但它屹立于平原与盆地之间，便显得格外高大。

没有高速公路的年代，从自贡到成都，必须翻越龙泉山，而翻越龙泉山，需要至少一个小时。

大学时，我还没出过川。我的主要足迹都局限于川南那座多恐龙和盐井的城市。在一个馒头般的丘陵地带长大的青年眼里，并不高峻的龙泉山俨然是屏障，是山脉，大可以和巍峨呀险峻呀之类的形容词联系到一起。

爬升了大半个时辰，行至龙泉山垭口。天光大亮，雪已小，眺望前途，山峦渐低，低成远处的一马平川。白色的大雪覆盖了群山和平原，遍地都是皎洁而神圣的白，像一个白衣飘飘的年代那样让人精神一振，有放开嗓子大吼大叫的冲动。

从垭口往下行几百米，汽车徐徐靠在路边。司机说，要上厕所的赶快，马上就要下山进城了，不能再上厕所了。

我跟着人群下车，外面清冽而寒冷，路上积着厚厚的雪。公路一旁，是层层叠叠的山坡，一级级地，生长着许多枝条突兀的树，树丫散开，像是一些伸在空中的细细的手指。至于树叶，却是一片也无。认了认，原来是桃树。这时我也隐约想起，龙泉山向来就以种植桃树出产桃子而闻名。公路另一旁，是一些两三层的红砖楼房，其中一座房子，有一道铁制的大门，门前，悬一挂木匾，上面是一列碗口大的黑字：龙泉驿区山泉乡人民政府。哦，原来，这么几间房屋，竟然是一个乡政府驻地。山泉，这名字一下子就让人想起连绵的大山，遮天蔽日的林子，林子里散漫盛开的野花，野花脚下汩汩流淌的泉水。不过，当我初识山泉时，我只看到了雪花，没有看到山泉，也没有看到它引以为傲的桃花。

又一次看到山泉的雪花，距那次深夜里的踏雪而行已经过去了整整二十五年，四分之一个世纪啊。轻飘飘的旧时光就这么溜走，而我早已不再是当年那个意气风发，为了爱情可以冒着风雪奔驰整整一个晚上的少年。我的头上已经长出了越来越多的白发。遥望青春，连尾巴也不见了。

虽说离成都不到两百公里就有终年不化的雪山，但就成都市区来说，下雪却不是每年都有的事。北方人司空见惯的

雪花，如果在成都飘下来，那就是成都人民共同的节日，就可以为此约酒、约茶、约热被窝。

去年的成都，终于阴着脸好几天后飘起了雪花。小小的雪花，看不出它规整的六角形，倒像是儿子对着一朵成熟的蒲公英用力地吹，吹出无数白色的小花在空中款款地飞。

那也是五岁的儿子第一次看见雪。原来，动画片里一再出现的雪就是这个样子。他要像熊大熊二那样堆一个大大的雪人，还要给雪人戴上他的绒帽，穿上他的羽绒服。

扫兴的是，哪怕如此微型的、局部的雪花，也只飞舞了不到一个小时便有气无力地止住了，不要说地上，就连花盆和花枝上，也难以攒出积雪。我想到不远的龙泉山，龙泉山地势更高，温度更低，或许，那里应该还在下雪。

于是，前往龙泉。准确地说，是山泉乡隐藏的那段龙泉山，那里才有公路穿过山的垭口。

没想到，山里的雪也停了，并且，之前也比山下大不了多少。登上高处看时，漫布的桃树上，偶有几棵积着薄雪。儿子很失望。为了安慰他，只得沿着山间公路驶往背阴处，山弯里的几架房顶上，果然有一层薄薄的雪。找来树枝和铲子，小心地从屋顶上把那层薄雪刮下来，忙活半天，终于在汽车引擎盖上，堆了一个雪人。雪人又矮又小，如同发育不良的难民儿童。等我们回家时，才走到龙泉山下，那个小小的雪人就已化作清水。

　　我的朋友老魏是大巴山人，多年前随企业迁到龙泉驿，后来便服务于龙泉驿的文化部门。有一年，江湖上传说他要到山泉乡某个村当村主任。有些惊讶。几个朋友一起聊起时，一个朋友很有经验地说，山泉乡就在龙泉边上，到下面当个村主任，有搞头。有搞头是四川话，大概相当于普通话里的有好处或有油水。

　　不久搞清了，他这个村主任是名誉性的。因为，经由他策划，山泉乡为了发展旅游，把其中一个村命名为桃花诗村。诗村嘛，如果村主任对诗歌的了解仅限于床前明月光或是慈母手中线，那会惹人笑话的。为了与诗村配套，就邀请老魏出任名誉村主任。这倒是水到渠成的好事。

　　此后，接到老魏邀请，请到桃花诗村开诗会。行至龙泉山半山腰，但见桃林深处，新辟了一条道路。路口，矗着一座崭新的牌坊，上书：桃花故里。时间还早，我没沿着邀请函上指引的线路，穿过牌坊进入诗村，而是继续顺着山路向山顶而行。峰回路转，我又看到了那些年在自贡与成都、成都与自贡之间无数次往还时看到过的山泉乡。三两家小型企业，十来家店铺，以及我曾在雪夜里看到过，并在它的木牌下撒过一泡尿的乡政府。与多年前相比，变化还是有，但绝对不像山下的龙泉城里那样大。至少，你还能看出它的旧时模样。好比同样整容，县医院的张老师整容后，还能认出你就是隔壁王小姐；而韩国朴医生整容后，足以让你回国时登不了机。

桃花诗村的这次诗会很隆重，其中有一个特殊环节：既然是诗村，并请诗人当了名誉村主任，那总得请些和诗歌有关的人来当名誉村民才对。于是，就请了包括我在内的六名诗人做桃花诗村名誉村民。每个名誉村民，由村上发给两分多的桃林，可以自由使用两年。这个活动的名字，好像叫"诗意田园·都市农夫"。后来几家报纸都发了新闻，我在一张报纸上，看到自己扛了一把锄头，假装在自己的那两分地里锄草。

六个名誉村民中，最认真的是杨然。他的地里桃树较少，他遂把空地翻了，种上大豆和芋头。后来看他博客，才知道他为了种这片地，竟带了好几个朋友，浩浩荡荡地从他居住的一百多公里外的邛崃赶过去。这块地收获的大豆和芋头，肯定还不值那份油钱。不过，要计算的显然不是钱，甚至也不是收获。

比如我那块地，已经过了摘桃子的季节，我还是迟迟没去。有一天，某人实在忍不住了，坚持要去收回来。到了地里，发现树上桃子很少，也很小。再看邻近两块，也一样。打电话问了一下，包括之前认真种地的杨然，没有一个人前来收获过。看来，是附近的农民帮我们收获了。

站在那片只属于我两年的桃林里，透过桃树的枝叶，正好能看到山泉乡那段三四百米长的街道。桃花早已开过，甚至连桃子都已摘完，缺少大树的山上同山下一样闷热。几乎没有游客，春天时热闹非凡的农家乐几乎都关了门。山泉乡以路为市的街道，在高速公路开通之前，总是车来人往，虽然小，却热闹，如今却半天也看不到一辆车。冷清的街头，甚至连行人也没有。乡政府已经不在原来的地方。从前的围墙斑驳而灰暗，像一幅上古时期遗存的岩画。

春天，成都人把到龙泉看桃花当成一种仪式，就像冬至必须到小关庙吃一锅羊肉汤一样。似乎不这样做，春天就没有来，冬至也过不去。

　　说是到龙泉看桃花，如果准确一些的话，应该是到山泉乡看桃花。

　　先有桃花，然后有桃子。这是必然的。但我却先看到山泉的桃子，再看到山泉的桃花。

　　第一次看到山泉的桃子，是那个大雪纷飞的夜晚翻越龙泉山之后两年。那时，我已从大学毕业分配到东方锅炉公司做秘书，翻山越岭去探望的女友也成了妻子。那年公司印制一本画册，不知为什么，放着自贡的印刷厂不要，却选择了遥远的深圳，而深圳印好的画册，莫名其妙地发到了成都。这样，我就受领导派遣，同一个姓钟的司机一起，开着一辆

依维柯前往成都拉画册。

钟司机要带他的朋友一家顺路去游玩，大约怕我向领导打小报告，就强烈热烈地要我把妻子也带上。于是，一行数人，坐了高大的依维柯前往成都。

下午，汽车翻越龙泉山，我向坐在身旁的妻子说起几年前那个雪夜，当她在成都的校园里做梦时，我正冒着风雪穿过沉睡的盆地去看她。说话间，我又一次看到了群山之上的山泉乡，与几年前所见没有任何区别。漫山遍野都是桃树，桃花早就过了，连桃子也摘了下来，只余下青青的桃叶，在山风中无精打采地晃动。山泉乡的街道和一些路口，不时可见担了桃子在卖的果农。大大的水蜜桃，只望一眼，似乎就能感受到它甜蜜的汁水汩汩而出。

返程时，钟司机在山泉街上停了车，下车买桃子。我们也跟着下车。那时收入太低，尽管临行前把所有的钱都揣在身上，我们仍然只买了五个桃子。每一个桃子都足有碗口那么大。我和妻子一人吃了一个，一个桃子竟可以吃到打嗝。另外三个过了几天带回老家，给父母和祖母尝尝。祖母那个桃子一直吃了三天。她说，我一辈子都没吃过这么好吃的桃子，这未必是仙桃啊？

钟司机的朋友两夫妇也是本公司的，只不过他们在分厂，我在总部，以往并不认识。他们带了五六岁的女儿，小女孩一路啃着桃子，满脸汁水，为我们唱"小燕子穿花衣，年年春天来这里"。她的爸爸是个沉默的工人，有一双健壮的臂膀和一对深陷的小眼睛。她的妈妈却是个心直口快的大姐。两三天下来，便熟悉了。几年后，当我被借调到成都，后来又被公司领导修理，不得不重回公司并发配到车间劳动时，有一天在路上碰到了这位大姐。大姐停下来，用愤愤不平的语气说：兄弟，他狗日的些整你！望着她关切的眼神，我一下子有流泪的冲动。等到她远去时，我一下子想起那次成都之行。那次，在山泉乡买桃子，她一个劲儿地劝我们多买些。她说，这桃子好，新鲜，维生素丰富。你们不正打算要小孩么，多吃点没错。大约看出我们囊中羞涩，只买了五个桃子。在车上，当她为女儿削桃子时，顺手给我们一人塞了一个。我们推辞不要，她说，我买得多，两麻袋，吃不完也要烂，你们就算帮我的忙。

那次偶遇之后，不久我就离开了这家令人气闷的公司，申请做了下岗职工。两年后，再一次翻过龙泉山，漂泊到成都。也就是说，我和这位大姐从此再也没见过，我甚至已经忘了她的名字。如今，二十多年过去了，她应该是一位慈祥的外祖母了。愿她幸福、安宁。纵使年迈，也能像我的祖母一样享受桃子的美好滋味。

吃了山泉的桃子好几年以后，我终于有机会在一个春风浩荡的日子前往山泉看桃花，如同一个活得很有仪式感的成都人那样。

那时，我离开自贡到成都刚一年，从一家小报跳到一家杂志社打工。春天里，杂志社组织了一次工会活动，到山泉看桃花。

漫山遍野的桃树低低地伏着，像是插在大地表面的一些枯枝，但粉红的桃花已经迫不及待地站在了枯枝上。与大多数花相比，桃花实在平凡，既不艳丽，也无香味，如果只有一两树桃花，很容易被忽略。但是，桃花是一种借助群体的力量显露生机和大美的花，如同油菜花一样。当成千上万株桃树聚在一起，把一面向阳的山坡或一匹高峻的山峦都挤得严严实实时，你就会恍然发现，原来看上去文弱而细小的桃花，竟然也藏有如此疯狂的欲望和力量。

我们坐在桃枝横逸的农家乐里，喝茶，吃酒，闲话。杂志社里，除了那个接电话时自报家门总是自称张总编的人算中年外，其他人都还是青年或大龄青年。青春，酒，桃花，阳光，这些深刻无比的事物凑到一起，便成为喝得不醉不归的唯一理由。

醉意朦胧时，我沿着石头砌就的小径去洗手间。就连洗手间的围墙，也挡不住和我们一样兴高采烈的桃花。一枝两枝，三枝四枝，有的花开如泥，有的却含苞待放，像是拿不定主意到底要开成哪一种姿势，不过都一齐伸进露天的洗手间。我扶住墙，想，这一回，我一定要在成都留下来。不为别的，只为每年春天都能看到如此意气风发的桃花，都能在桃花摇动的春风里醉他妈一回。

山泉乡的这次春游，让我和几个年轻同事成了朋友。说实话，整个杂志社，除了张姓总编和另一个张姓编辑有些阴阳怪气外，其他人都还不错。那间坐了五六个同事的办公室，平日里也总是笑声盈耳。

两年过去了，也就是同看桃花三次之后，我离开了那家杂志社。离开前，在几个年轻同事的笑声中，我干了一件很有些孩子气的事：朝我们都厌恶的那个爱打小报告的张编辑的茶杯里，吐了一泡口水。

后来，与几个年轻同事不再同事，却还是有来有往的朋友。多年后，张总编因贪污公款，并愚蠢地把一辆用广告换来的奥迪车注册到他老婆名下，入狱五年。一个温州商人投资入主杂志，急需操盘手，当年一起看桃花的两个女同事力荐了我。不过，由于理念不同，终于还是没能与她们再次同事。

世事总是难以预料，十年后，到山泉看桃花已不再是每年春天必不可少的主题。当年力荐我的同事之一，一个年龄比我小的女子，她在几年前离开杂志社远行南美，没想到却在一个春天里突然去世。接到前同事的电话时，我在外地采访。放下电话，我想起了第一次到山泉看桃花的情景。她坐在一树烂漫的桃花下，静静地微笑着，看我们几个男人涨红了脸斗酒。那时的阳光，那时的桃花，那时的空气和雨水，为什么隔了时光之河回头遥望，它们依然如此清晰，甚至，比当年还要清晰呢？

我已经多年不去山泉看桃花吃桃子了，而记忆中山泉的雪花只飘过那一次。另一条新的高速公路修好后，回老家时我也不再经过龙泉，即便从车窗里遥望藏在山坳间的山泉也不可能。新的高速公路从龙泉山更西处穿过，在平原尽头，这列看上去并不十分巍峨的大山总因漫山果树而郁郁苍苍。有时候，小小的云朵从远处飘过来，像一片记忆中的雪花，只是不能打湿这干燥的大地。就像再久远的回忆，也无法把我们拉回昨天，并让昔日重现。

已经过去的，正在经历的，将要来临的，不过是一朵雪花、一朵桃花，一朵雪花和一朵桃花里隐藏的，一些细小而尖锐的心事。

巷子里的唐昌

唐昌是一座巷子里的镇。当然，这是错觉。唐昌也有宽阔的大街，也有精心护理的公园，也有成片的商品房和热闹的商业区。总而言之，虽小，毕竟也还像座城。至少县城。但是，我总感觉它深深地陷在巷子里。我知道这是错觉，是以偏概全的错觉。可很多时候，不仅对一座镇子，对一个人也是一样，我们习惯于以偏概全。以偏概全就是放弃表象直指内核——至少是我们自以为是的内核。比如我的朋友蒋雪峰，想起他，眼前浮出的最深刻的印记就是他那部灰白的胡子，至于矮胖的身躯、硕大的脑袋，虽然也是他的组成部分，但我只记得灰白的胡子，让他看上去像个慈祥的圣诞老人。当然，这是一个喝得醉醺醺的圣诞老人。再比如我的朋友远人，想起他，我的第一印象就是他的背包，那只如同长在他背上的背包，我甚至疑心他睡觉时是不是也不会解下来。至于他剃得发青的胡须、潦草如怀素书法的长发，都已经忽略不计了。那只巨大的背包，使他总显出风尘仆仆的样子。其实，他可能只是从宿舍走到办公室，或是刚到办公室楼下吃了一碗热腾腾的桂林米粉。

　　有关唐昌，我的感受从两个朋友开始。这似乎有点对不起这座有一千多年历史的古镇。不过，更对不起的是，尽管它就坐落在成都平原上，尽管它离我的居所大概也就不到四十公里的样子，尽管我很多年前就知道它，但直到2017年岁末，一个寒风把太阳也刮得灰白（它让我再一次想起蒋雪峰的胡子）的下午，我才第一次走进唐昌——巷子里的唐昌。

　　唐昌这个名字风雅而又古意盎然。之前我就猜想，它可能和唐朝有关。查了查地方史料，果然。史料说，唐朝仪凤二年，也就是公元677年，唐政府下令从九陇、导江和郫县三地各析出一部分地盘，新设一县，命名唐昌，取唐朝昌盛之意。

　　唐昌的出笼，有一个背景，那就是唐朝与吐蕃的战争。其时，吐蕃国力雄健，唐蕃在四川的分界线距成都只有一百余公里。在成都以西设唐昌，是为了给成都增加一道屏障。

　　设唐昌那年，吐蕃攻打了位于今天九寨沟附近的临河镇，镇守此地的唐将杜孝升被俘。吐蕃命他写信招降松州都督，杜孝升坚决不从。

　　对于这个有气节的将领的结局，刚读到这段史料时，我的想法是，他一定被生气的吐蕃人咔嚓了。出人意料的是，

吐蕃人居然把他放了。做过俘虏，唐政府不但没处分他，反而提拔他为游击将军。唐人的气度与见识，这大约也算一个小小的例证吧。

熟悉成都历史的人大概都知道"温郫崇新灌"这个说法。那是指成都平原上的五个县，它们被称为"上五县"，也就是成都平原的精华所在。具体来说，又分为金温江、银郫县、贵崇宁、古新繁、水灌县。这个被定位为"贵"的崇宁，也就是唐昌。宋朝末年，宋徽宗的年号叫崇宁，叫了几百年的唐昌，也就此改为崇宁。一直到1958年，已有850多年历史的崇宁被肢解，分别划入邻近的郫县、彭县和灌县。

一个行政区的命运也许就像一个人的命运，有它不可预知的起承转合。它们从产生到发展，从花样年华到垂垂老去，再到种种原因被拆并，相当于它们的死亡。以成都平原为例，先后消失了的县份至少也有十多个，包括曾析地建唐昌县的导江、九陇，以及火井、华阳，就连温郫崇新灌这五个上县，其中消失了的也有两个，一个是新繁，一个自然就是崇宁——也就是唐昌。一个前后存续了上千年的古县消失了，只留下了作为县城的镇子，镇子还沿袭着它古老的名字，仿佛在延续它的香火——虽然其时连半点唐代的蛛丝马迹也寻觅不到了。

因为旅游，当然说到底是因为政府要拉动GDP，官员要政绩，而老百姓要挣银子，这些年，中国大地上如雨后春笋一般，出笼了不少古城和古镇。这些古城和古镇那么新那么亮，让人觉得它的炮制者就像一个肆无忌惮的赝品生产商。这些古城和古镇又是那么千篇一律。似曾存相识的街；似曾相识的祠堂、庙宇、香火、菩萨；似曾相识的商品、碑刻；甚至，大概最早出名的古城丽江有无处不在的流水，那些原本没有溪沟渠涧的古城古镇，也要煞费苦心地挖一条出来，用机器把水抽到高处，再放下来。是故，我对古城和古镇一直抱着足够的警惕。我想走进的是一种原装的生活和生活场景，而不是一种还原或虚拟的表演。

巷子里的唐昌显然也修葺过，但不过分，我对比了它几十年前的照片，发现它基本还是几十年前的老样子。在这个寻新求异的年代，能坚持这份初版的身体，这，很不容易。

我只遗憾自己来得稍晚了些。如果再早些，我走进的，或许就是照片里的唐昌了。黑白的唐昌，像一幅时光凝固的画，粗糙中有着精细，精细中又透出粗糙。有时候，粗糙与精细的界限是模糊的。比如唐昌。

如前所述，曾经做过县城的唐昌，比一般的镇子要大，要繁华，但我对它的全部印象却是几条巷子，如果一定要说有其他的话，那就外加一座文庙。

文庙的存在，使得哪怕一个不熟悉唐昌的外人，只要具备基本的中国文化常识，也一下子就判断得出：这地方至少曾是个县城。因为，祭祀那位毕生不得志的老夫子的文庙，它在明清时期，每一府、州、县治所在地，都是必须修建的。它既是纪念和祭祀之地，也是府学、州学和县学的办学之地。像成都这座城市，曾经有三座文庙。一座是成都府的，一座是成都县的，还有一座是同城而治的华阳县的。总而言之，这种国家行动之下，全国的文庙共有1600多座，目前保存完好的还有300多座。

我不知道唐昌这座文庙是否属于保存完好的300多座，因为它过于完好、完整、完善，一望就知是当代重建。但到底重建占了多大比重，一时间却看不出来，更无从计算。

唐昌文庙看上去很宽阔，原因是人少。进门后，泮池之侧，一左一右有两树蜡梅，淡黄色的小花和还没开放的花苞缀满铁丝般的枝条，倘不是花的色彩和隐隐飘散在空气中的暗香，它更像是从《芥子园画谱》里扯下来的某一页的放大。

这些年，我至少进过几十座文庙，大的足有几百亩，小的仅余三两堵残垣断壁。唐昌文庙却有些与众不同。一是它显眼的新，新得像昨天才完工。更重要的是，其他文庙，不论大的小的，无不力图表现它的庄严与肃穆，因而常常有森森的高大乔木，以及光线黯淡的大殿和呆板的塑像。唐昌文庙固然也有大殿，但从它的布局和陈设来看，它更像是这座镇子的一个过于简陋的展览馆，一个为数不多的老年人的休闲地。前者，在东西两庑，就布置了一些展板，展示唐昌的历史与文脉。后者，在泮池里进的回廊上，两个老人在下棋，四五个老人在围观，声息全无，好像是为了呼应那句观棋不语真君子的古话。东西庑之间宽阔的院子中间，另有几个老人在健身。一个舞剑，一个打太极，还有几个什么也不干，干脆坐在回廊的长条椅上发呆。

这样的格局和这样的人群，让唐昌文庙比其他文庙多了一份人间烟火的滋味。正这么想着，又看到另一个更有力的证据：大成殿前的台阶上，有几根铁丝，铁丝上，拴着一些红线，红线下面，吊着一个个色彩缤纷的心愿牌，用记号笔写着一些文字——这些文字，把唐昌文庙的人间烟火重又加浓了八分。

我走到大成殿的台阶前，慢慢读心愿牌上的文字：

"税少年，希望你能够学业有成，万事胜意，要努力啊，一起考上一中。"这是务实派的。

"不管你喜不喜欢我，等风等雨，等一场梦，等一颗星星和你。"这是诗意派的。

"敌军已到达战场。"这是不知所云派的。

"我若在你心上，情敌三千又何妨；你若在我身边，负了天下又怎样。不负天下不负卿。"这是豪放派的。

"他们要你站得高看得远，我要你平安。"这是婉约派的。

"陈小春，我爱你。"这是直抒胸臆派的。

"每朵花代表爱情，玫瑰最勇敢。"这是欲说还休派的。

唐昌文庙的东西两庑，一边是市民国学课堂，想必文化站之类的部门，偶尔会请人在这里做些讲座？一边是介绍唐昌镇的展板。

就像每个地方在介绍自己时，总要强调出过哪些著名人物一样，唐昌自然也不能免俗。展览前言里，介绍完唐昌沿革后，介绍者赶紧说，"走出了逸圣朱张，西汉易学大师严君平，禅师圆悟克勤，明代郡王朱悦尊，清代一镇六翰林，三峡工程的设计领导者成昆煌……星光熠熠的人文历史绵延千年，厚重悠远。"

老实说，上面提及的这些人中，除了严君平，我一个也不曾听说过。所谓乡贤，其实就是这样，他们在一定的地理范围和时间范围内，曾经有过影响，但如果超过这个范围，我们却不一定知道他。这并不影响被他影响过的地方的人民把他挂在嘴边，并自信地认为，全天下的人可能都知道，也应该都知道。举个例来说，晚清学者宋育仁是我的富顺老乡，我曾经以为他的名气一定很大，结果问过好多人，人家却问我，你说的是宋教仁吧？

似乎是为了给文庙展板上的说法一个铁的证据，与文庙一墙之隔的，便是一镇六翰林中的罗翰林的故居。

罗翰林自然姓罗，名锦文，介绍上说他自幼家贫，同治年间中了进士，选为翰林院庶吉士，后来做到了山东河道以及兵备道。介绍上说他是二品衔，这弄错了。在清代，二品衔在地方为巡抚一级，在中央，则是尚书级。河道和兵备道，套用今天的话来说，至多也就副省级，在清代，为三品或四品而已。

出身清贫的罗翰林留下了一座故居，故居就在文庙隔壁，这自然是要前往凭吊的。

穿斗结构的老房子，面朝大街，很不起眼。门前，立一石碑，注明：郫县县级文物保护单位　罗翰林住宅。朱漆大门边，挂一吊牌，白底黑字：成都市郫都区唐昌房产管理所。入了大门，是一过厅，挂有中英文对照的说明（我敢打赌，这些英文很可能从来就没派上过用场）："罗翰林住宅是清同治甲戌进士、翰林院编修罗锦文的宅第，建于清代，为木构复式四合院附以厢房，总面积1245平方米。全院皆为悬山式屋顶，除大门为抬梁式梁架外，皆为穿斗式梁架。大门两侧有浮雕花墙，全院房柱均有空雕。"

整个翰林故宅已经毁坏得不成样子了。过门厅，是一

个院子，两旁原本应是老建筑，但一边的建筑已全毁，一边却是后来搭建的小平房。只有正房，还残存一片青瓦立料。院子很杂乱，堆了些木头、青瓦、石条，停了一辆红色的三轮车。它们之间的空隙处，一株朴树见缝插针地生长。逼仄的空间，让人感觉它似乎踮着脚。已是冬天，朴树还残存青色的枝叶。院子的地面大部分已硬化——中间是条石铺出的路，两边因堆放东西而被压得平整。靠墙的地方土质稍软，有人就因陋就简地种了些菜。是油菜，一棵棵都生长得甚是艰难，灰着头脸，像是被生活的重担压得无法喘气。

再往里走，是一排低矮的房屋。按理，在罗翰林时代，这些位置应该是罗翰林及家人起居的地方，应该是书房、卧室、后花园和小姐的绣楼，但如今这些低矮破旧的屋子，很难让人相信气宇轩昂的罗翰林竟然会低下头从乌黑的屋檐下来来往往。

里面还住了几户人家，亲亲热热地挤在一起。是典型的大杂院。一家在炒菜，蒜苗回锅肉，整个翰林院都飘浮着浓郁的香味。一个七十来岁的老太太，在另一道低矮的房门前，端着碗吃饭，却没有回锅肉，只有几片可怜巴巴的青菜。一边吃，一边抽鼻子，似乎要用邻居的香味送饭。

和老太太说了几句，她说这房子嘛，以前就是这样子了。以前是什么时候？她说二十年前。至于二十年前什么样，她就茫然地摇头。我就是二十年前搬来的。之前的事，没听说过。罗翰林是谁，你知道吗？知道啊，她说，就是一个当大官的。扒了口饭，又补充说，在北京当大官的。

看到吃饭的老太太，再闻闻老太太邻居家飘出来的回锅肉香味，才发现已到中午十二点半，我们也该吃午饭了。

之前就听人说过，唐昌的牛肉是好吃的。那是一家坐落在巷子深处的小餐馆，去时，十来张长条桌都坐满了食客。等了半天，才有人满意地打着嗝剔着牙站起身，懒洋洋地招呼老板算账。急忙坐下去，一会儿，小二端上几样菜：粉蒸牛肉、笋子烧牛肉、青椒牛肉丝、牛肉汤，以及一大钵米饭。

吃完牛肉，起身四处走走。看到一片破旧不堪的院子，像是被时光的泥土埋了半截。而在几座破院子之间，似乎曾经有过一条小巷，只是如今人迹罕至，地上满是黑色的泥泞和青苔。从立料的墙壁缝隙里，竟生长出几株构树。构树是一种喜欢生长在废墟上的植物，甚至，它就是作为废墟的标志而存在的。转过身，却看到一面斑驳的墙，墙上，用粉笔整齐地书写着几行字，字迹清晰，字体优雅：

郑重声明

省级文物保护区，

防火防盗防破坏。

危急时刻先报警，

拨打电话110。

抓住罪犯不放弃，

依法拘留要判刑。

铁门铁窗铁索链，

梁家大院看门锁。

心中一惊，急忙四下打望，才看见小巷另一侧立了一块石碑，碑上是红色的字：

四川省省级文物保护单位　唐昌梁家大院

石碑背后几米远的地方，果然立着一栋气度不凡的老建筑，与那些被构树包围的院子相比，隐隐透出鹤立鸡群的骄傲。

打算进院子看看，大门却紧锁着。透过大门缝隙，能看到院子的局部。一片泥地，几株老树，一面雕刻着繁复花纹的窗棂，一面陈旧的墙。从另一道门缝里看进去，里面似乎还住着人，能看到挂在院子里的衣服。只是，站在紧闭的门前，却听不到从里面传来人声。良久，离去。

我说过，唐昌是属于巷子的，而巷子则是属于院子的。若干气势不如梁家大院的深院浅院，它们合围形成一条条细若鸡肠的小巷，唐昌就是这些大院和小巷的集合。

与孔庙差不多，南方还多出另一种祠庙，那就是文昌宫。文昌宫，它供奉的是文昌帝君，即民间所说的文曲星，是天上主管士人功名禄位的神。文昌宫的本身，源于梓潼县七曲山张亚子。张献忠统治四川时，四处烧杀，文庙、城隍庙均不放过，独有七曲山的文昌宫，张献忠秋毫不犯，还派兵保护。这个陕北大老粗说，你姓张，俺也姓张，咱们联宗吧。是故，如今的七曲山大庙里，还有一尊张献忠像，极小，极凶恶。文昌帝君要是听到张献忠的话，想必不会太开心的。

唐昌的一条小巷，就叫文昌宫巷。不过文昌宫已经不复存在。或者说，这个供奉过文昌帝君，希望他在科考时保佑唐昌士子金榜题名的祠庙，千帆过尽，只余下地名。

文昌宫巷也是近年重修的，不过，与别处大动干戈、把一条条古街古巷修得宛如刚从流水线上放出来不同，唐昌的文昌巷还保留着几分古意。尤其是两边的老墙，没有翻新，而是罩上玻璃。相应的，周边也做了一定的修饰和清理，以便协调。

更重要的原因，我以为，还在于文昌宫巷只是夹在闹市中间的一条小巷，游人甚少，至多几个本地人匆匆而过。它不像旅游地，更像生活区，有一种真实人间的恬淡与安稳，是小巷的本意与初心。与之相比，像锦里、宽窄巷子那种游人如织的古街，只能是商业，是小巷的变异品种。

与文昌宫相通的另一条小巷，叫大椿巷。大椿，就是椿树。椿树有香椿和臭椿之分。香椿，古人称为　。这是一种南北方都很常见的高大乔木，春天来时，吐出满树嫩嫩的芽，摘下来炒鸡蛋，是一道名菜，成都叫它椿尖炒蛋。苏童的很多小说里，都有同一条街，那条街和唐昌这条巷的名字差不多，叫香椿树街。臭椿，古人称为樗，看上去和香椿几乎没有两样，但有一种古怪的味道，嫩芽也不能食用，因而古人又以椿栎来代指无用之人。

然而，大椿树巷已没了椿树，不管香椿还是臭椿。尽管走在这条曲折而窄的小巷里，看看一人多高的院墙，想象院子里如果有一株高大的香椿——甚至臭椿也好，把绿色的枝条铺过巷来，当会平添一分宁静与阴柔，但是，我来晚了差不多一百年。一百年前，大椿树巷才有一棵巨大的椿树。

在大椿树巷和文昌宫巷里，深藏着不少幽深的院落，这些清末民初的四合院，都是当年唐昌官宦或是富商的居所。大椿树巷里，有一座院子的主人叫易象乾，光绪年间的举人。庚子事变时，慈禧、光绪逃亡西安，易象乾曾随行，后来做过知府。辛亥革命后，回到唐昌做遗老，埋头著述。他的故居门口，悬了一块紫红色的匾，上面录的是一首诗，题曰《大椿树歌》，作者即易象乾，歌吟的对象就是那株曾经的椿树。

资料说，大椿树巷在明代，曾是一个姓姚的进士的宅院。甲申之变，天下骚乱，大椿树巷毁于兵火，只留下了那株地标般的大椿树。年年春来，都要发出寂寞而绿的叶子。一直要等到两百年后的清朝中叶，大椿树巷才从一片废墟上重新投生，相继建起一座座院子。易象乾就生于大椿树遮掩的院子里，他早年在树下用功，直到金榜题名——他一定去过一墙之隔的文昌宫，请求文昌帝君给予他更多的眷顾。然后，他的晚年，重又回到大椿树下，吟诗，作赋，浇花，饮酒。但就在他退隐林泉五年之后，夏日里的一场大风，竟然把大椿树吹折了。从此，大椿树巷不再有椿树，它只是一个沿用了数百年的地名。大概为了弥补，不知是什么年代，有人在院子前种了一株榕树，榕树的气根吊在空中，像是一部乱七八糟的胡须。

除了门脸和门脸外墙，易象乾的院子已被改造得不成样子，原本应该宽阔的院子，歪歪斜斜地建了些低矮的平房，房前绳索上，晾着花花绿绿的衣服。一株橘子树，果实早已摘尽，几片叶子独自萧索在冬天的风里。

从大椿树巷出来，一道城墙突兀在院子尽头。这城墙，也足以说明唐昌曾经的重要：它既是成都平原上五县之一的县治，同时，在明代，它还是蜀王朱椿之子朱悦尊的封地，朱悦尊的爵位即为崇宁王。不过，曾经四四方方，把巷子里的唐昌牢牢守护在臂弯中的城墙，上世纪 50 年代已拆除，只留下一些照片。现在我看到的这一段城墙，其实是按当年的照片仿建的。难怪，脚下的青条石新得让人有点难以理解。站在城墙上看时，几条古意盎然的小巷，和形成小巷的几十座院子，它们簇拥在一起，像是一些怕冷的小动物，拥挤着，发出小声的尖叫。在房屋与房屋之间，一些树木的树冠冒了出来，或青，或黄，或全是狂草般的枝条，把天空刺得生疼。比较有意思的是，沿着城墙根儿，是一家火锅店。十来张长条桌一字排开，每张桌子上方都支一顶帐篷，然后，还细心地用摆了花的花架把桌子与桌子、桌子与小巷隔开。无疑，在唐昌，时间是慢的，恋爱的年轻人或是失恋的年轻人，到这样的小巷烫烫火锅，喝几杯本地出产的高粱酒，幸福的人将更加幸福，不幸的人或许会暂时忘记不幸。

我们当然没吃火锅。对历史悠久的唐昌，和唐昌那些曲折幽深的巷子来说，我们只是过客，是旁观者和记录者。我们始终无法真正走进它。真正走进一座古老的镇子，需要的是十年八年的鸟落民间。

当我们又一次穿过巷子时，在巷子深处，遇到一个女老师带了一群孩子放学回家。孩子们在巷子里也排着队，好奇地打量我们。女老师有雀斑的脸，显得生动而真实。青春是不需要过多粉饰的。就像这些生意盎然的古老巷子，其实，它们也是不需要过多粉饰的。它们疲倦地站在那里，已经有几十年几百年，如果不出意外，它们还将继续这样站立下去。走过巷子的人，从青春到年迈，一代又一代，走着走着就老了。老得比一座院子、一条深巷更甚，更无岁月可回头。

东山，一条青藤串起的镇

午后的时光总是百感交集：疲惫，温馨，忧伤，当然还有不同程度的落寞，它们都是必不可少的伴生矿。像一个人人到中年，向后看，已经走了老长的路；向前看，却还有老长的路要走。

这是一个春日的午后。太阳清朗，如一把锃亮的铜镜，反射着光，温暖却不够。幸好，郊外的油菜花大片大片地开了，欣喜若狂的蜜蜂和蝴蝶是这个季节的主宰，它们永不疲倦地飞舞与徘徊，让这个春天变得像黄昏时突如其来的大雨那样酣畅。

但现在雨水还没来。在合江镇，小山坡上不长的几条街道都是新的。飘舞着国旗的政府大楼，散发出来苏水味儿的卫生院，国徽高悬的法庭，空荡荡的集市，以及半掩着门的小超市、粮油店和小餐馆，它们在灰白的春日阳光下，闪烁出一种质地轻盈的光。因为是午后，更重要的是，因为是春天的午后，四处阒无一人，甚至缺少必要的车声和噪音，整个镇子都像在午睡。

我看到的是一个中年男人，坐在临街的屋子里，面向街道，正在吃饭。他身前的小桌上，胡乱摆着一盆炒得乱七八糟的肉丝，他正从一只海碗里扒饭，海碗很大，饭堆得很满，很久没看到有人这么用心地吃饭了。他的脸一半埋进了碗里，额上渗出汗珠，脸颊由于用力咀嚼而扭动。他光着两条膀子。是的，这是一个乍暖还寒的春日午后，他却光着膀子在用心地吃饭。

看到屋子外面停放的三轮车，和三轮车上堆放的那些水桶，我明白他是一个下体力的工人。送水的。

也只有干这种重活的人，才会把每一餐最简单的饭都吃得这么香甜，这么用心，这么严肃。吃饭也是工作的一部分。好比远行的汽车要加满汽油，才有力气穿越异乡那些绞索般的公路。

然后，我又看到一个男人和他的汗水。那是一个骑行者，穿着标准的骑行服，戴着头盔，从远处疾驰而来，刹在隔壁杂货店买水。我看到汗水从他头盔的下沿一颗接一颗地滴落，仿佛泉水渗出岩石。

两个男人，在合江镇的春日午后，流着汗。套用鲁迅先生的意思，他们虽然流的都是汗，汗与汗却是不同的，就像这一只蜜蜂与那一只蜜蜂，尽管都在飞舞，其实也是不同的。

　　每只蜜蜂有每只蜜蜂的舞姿，每个人也有每个人的汗。

　　骑车人买了水远去了，送水工也吃完了饭，穿上衣服，打出一串满意的嗝，骑上他的三轮车拐进小巷。

　　然后，我听到晴朗的天空忽然滚过沉闷的雷声，如同午夜里从邻舍传来的鼾声。一场春天的大雨即将来临。几只黑色的燕子从街道对面飞过，急急地奔向屋檐下的巢。那里，有一只更小的燕子在牙牙学语。

　　有一些地名，似乎天然地带着某种程度的诗意，比如西湖，比如东山，比如南城，比如北苑。

据说，全中国叫西湖的湖泊有三十六个之多（我老家富顺就有一个），那么，全中国叫东山的山，恐怕三十六个都不止。

昔年，孔子也登过一座叫东山的小山，并产生了一个著名的说法：孔子登东山而小鲁，登泰山而小天下。站得高，看得远，视野所及，鲁国和天下都变小了。那座位于鲁国的东山，有人说就是山东邹城的驿山，其实也就一千米左右而已，只是矗立在平原上，看起来就有了气势。如果同样的海拔放到四川，立即会成为群峰之间的洼地。

看来，最重要的不是你本身有多高，而是要看你身在何方。

《诗经》里也有一篇叫《东山》的。一个士兵，跟随周公东征，一直打到东山，多年以后终于活着生还。他百感交集（我又一次想起了合江镇春天的午后），他在诗里唱道：我徂东山，慆慆不归。我来自东，零雨其濛。我东曰归，我心西悲。制彼裳衣，勿士行枚。

但我要说的东山，显然无法和孔子的东山以及无名战士的东山相提并论。

我要说的东山在成都以东，它地处成都平原与龙泉山脉过渡的深丘地带。从前，它是从东方进入成都的必经之地，也曾是客家人迁徙到成都平原的落脚点。所以，向来有东山五大场镇的说法。

但我要说的东山小镇，却与这传统的东山五大场镇没有关系。我要说的是一条大道，大概是修筑于昔年的东山之下，因而命名为东山大道。

驱车在东山大道，自东北向西南，时时可见左边的车窗外，有一线青绿的山峰，绵延伸向远处，虽不高，却足以成为平原尽头的屏障和高墙。那就是龙泉山。

东山大道至少有六段，大体呈一个反 C 形。每一段都有几公里，六段加在一起，足有三十公里以上。这三十公里，串起了兴隆、合江、永兴、三星、大林和籍田等小镇。夹道的绿树、农田和远处的龙泉山，它们让东山大道变得像一根生机勃勃的青藤，而这些小镇，就是这根青藤串起的果实。它们是有生命的，也是正在生长的、正在流汗的人间。

年近半百，董桥说中年人如下午茶。我则以为，这是人生的一个巨大拐点。站在这拐点往后看，逝去的日子像一粒粒金子制成的大米，不能食用，却总是让人牵肠挂肚。回忆往事，每一个日子皆如同手指，根根都弥足珍贵，必不可少。

那时候，还没有儿子，还是相对自由自在的辰光。东山大道的某条支路拐进去，几匹低缓的小山间，有一汪微型的湖。湖畔坡地，遍植玫瑰。一些木制的房舍，沿湖沿山分布。还有一个老大的草坪，用来举行西式婚礼。那地方，就叫玫瑰园。

玫瑰园是我们常去的地方，当然不是举行或参加婚礼，而是露营。那场震惊中外的大地震后，成都的许多家庭，大多有一两顶帐篷。待到地震成为过去式，这些尘封的帐篷，它们有了另一个功能：露营。

发现玫瑰园，就像发现草丛深处的一朵玫瑰，是偶然的，不经意的。那一个下午，从城里出来，到郊外寻食（这也是那些年我的生活方式之一，如今，人多车挤，再像从前那样隔三岔五地出去寻食，已不太可能）。饱食后返城时，黄昏的逆光中，晃见路边有一坛修剪整齐的花，花坛下面，三个字：玫瑰园。一盏灯亮在路口，照亮了那条转弯抹角的路。驾车进去，竟发现了藏在里面的那片足有几百亩的园子和园子四周的山坡。山坡上，玫瑰盛开在暮色里，像一个个怀才不遇而又自甘淡泊的隐士。

露营去了两次。我是说玫瑰园。

每次都是先在邻近的合江镇买几包凉菜，不外乎猪头肉、卤鸡脚、花生米、蹄花，以及麻辣三丝。当然，必不可少的是酒，从家里带来的酒。

营地选在草坪附近的一面山坡，坡势很缓，浑圆地隆在草坪和小湖之间。一条小路通向山顶，四周是玫瑰、橘子，以及更多有名或无名的花草。三四顶帐篷扎起来，围成一个小小的天地。淘宝上淘来的马灯，高高地挂在桂树上，和天上的星子遥相呼应。

人间的欢乐总是俗的、寻常的。我们的欢乐从夜幕低处开始。从后备厢取出折叠椅，酒、肉、烟，一一小心摆上去，或坐马扎，或直接坐到草地上，漫长的夜饮开始了。

话题也是开放性的。不预设，不引导，说到东就是东，就到西就是西。在我们的高谈阔论中，点缀着蛙声与虫鸣；扑火的飞蛾总是固执地在马灯的玻璃罩上一碰再碰，死不悔改，直到碰落在地。

半夜，终于谈得疲了，喝得也高了。下一个节目，钻进帐篷睡觉。透过帐篷上小小的纱窗，能看到半个潮红的小月亮在天空孤独地行走，几颗亮晶晶的星子，发出清冷绵长的光。我们的马灯还挂在桂枝上，在轻微的风中，仍亮着，仍等待无休无止的飞蛾前来碰壁。

醒来天光大亮。一次是夏天，我们被一群穿过山坡前往池塘的鸭子惊醒。这些鸭子才是这里的主人。大约从来没见过花花绿绿的帐篷，鸭子们一齐大惊小怪地叫起来，既兴奋，又讶异，好比一座群山封闭的小村庄，突然来了几个牵着猴子的江湖艺人，带来了欢乐和山外的消息。只是，鸭子的语言我们听不懂，只能听见它们肆意地嘎嘎叫着，看见它们从帐篷与帐篷之间，顺着开满玫瑰花的山路，扑腾进湖，寻找各自的生态早餐。

一次是初秋。我们的夜饮是在雨中进行的，幸好雨不

大，又带了一块几平方米的油布。油布一端拴在桂树上，一端拴在桃树上，一端拴在橘树上，还有一端却找不到地方。想了半天，想起山下的田里，似乎立着一些竹片——那是夏天时农民为种植四季豆搭的。急忙派一兄弟下山，不到十分钟，已雄赳赳地执了一根修长的竹片回来。竹片插进湿润的泥土，顷刻间，油布为我们撑起了一方小世界。秋雨是细的、小的、柔的，它们落到油布上，发出滋滋的声响，与远处岩石下秋虫的悲鸣一唱一和。

次日醒来，雨停了。这一回，惊醒我们的不是鸭子，而是来玫瑰园度假的客人，客人一行在山下散步，内中几个孩子，看到这些蘑菇般的帐篷，顿觉好奇，就绕上山来，小鸟一样叽叽喳喳。甚至，有两个孩子打赌，一个说里面没有人，另一个说，肯定有，你没看到椅子上还有那么多酒瓶嘛。一个还是不信，扬言要来拉开帐篷。我只好大声咳嗽一阵。

从那以后，我们不再去玫瑰园，甚至也不再露营。因为有了孩子，更因为有了更多的琐事。生活终于变成了日子。前年，当我再一次行经玫瑰园并顺着曾经熟悉的小路进去时，才发现一条新修的大道竟然从露营的山坡穿山而过，那座原本宁静的园子被锋利的大道一剖为二。当然，再也没看到摇摇摆摆的鸭子，甚至，也没看到从前开遍山坡的玫瑰。

如前所述，东山和西湖一样，是自带诗意的地名。与之相比，我觉得东山大道上的另一个地名，它自带的诗意还要浓，还要纯。

那就是云崖。查字典，云崖的意思是：高入云霄的悬崖，形容山之险。许多人知道这个词语，是诗人毛润之先生那首写长征的名诗中有个名句：金沙水拍云崖暖，大渡桥横铁索寒。

如果说云崖本身是孤高的，带着寒冷与凛然之气的，那么，当它与另一种小型动物拴到一起，立即画风大变。

在东山大道，人们把云崖和兔子拴到一起。是的，就是云崖兔。

先前，我在成都少数地方看到过云崖兔的招牌，后来在东山大道上浪游时，云崖兔的招牌愈加密集了。到了三星镇一带，云崖兔的招牌就像到了简阳，四处都能看到简阳羊肉汤，或是到了我的老家富顺，举目就能看到富顺豆花饭一样。

开始，我以为云崖兔就如简阳羊肉汤或是富顺豆花饭一样，是一种菜肴，一种美食的名字。后来，当我在一家幽静的农家乐院子里，傍着一丛盛开的美人蕉坐下来点菜时，头发几乎全秃的老板告诉我，不是的，云崖兔是兔子的一个品种，可以红烧，可以水煮，可以油炸。甚至，如果你愿意，你可以点一桌几十道菜组成的全兔席。

那么，为什么叫云崖兔呢？是这个村庄叫作云崖村么？老板说是。不过，他说，最先，这个村叫卧云村，后来才改名云崖村。

那么，云崖兔真是兔子的一个品种么？老板有几分骄傲地说，是啊是啊，我们云崖兔的特点就是家兔野养。老板在我们点了一只兔子后，喝令小二宰杀剥皮下锅，他把着一把茶壶，为我们各自筛了杯茶，给我们讲了一个关于云崖兔来历的故事。

大概二十年前，三星镇一个农民——老板说，姓郭，原本在外打工，后来听人说邻近的龙泉一带，农民种植枇杷很来钱，就回家承包了些荒地，种下满山枇杷。但是，枇杷得三年以上才挂果，才能带来效益。这三年，总得挣点油盐钱、烧酒钱吧。有天他到三星镇赶场，看到有人卖小兔崽子，便买了几十只回家。可是，由于一心扑在枇杷上，再加上没有养兔子的经验，一个月后半大的兔子们都生病了。他既不可能把这些半大的兔子宰杀吃肉，也没法拿钱请兽医看病。干脆，就把它们从笼子里放出来，任由它们一只只地逃进枇杷林自生自灭。

几个月后，意想不到的事出现了。他放出去的那些兔子，经过自然淘汰，适者生存，一些兔子活下来并具备了野兔的机敏。他偶然抓获一只，食用后，发觉味道远超家兔。于是乎，他灵光闪现，开始在几匹种满枇杷的山里放养兔子，由是产生了云崖兔这个新品种。

也就是说，云崖兔竟然是无心插柳的产物。不过，老板讲的故事太过传奇，我们并未全信。等到红烧兔肉端上来，老板知趣地去一旁忙活。我们也忙活。

果然好吃。

等我们吃了兔子，酒足饭饱后，老板又及时拎着那把铜制的茶壶出现了。除我们外，还有三五桌客人，都由小二端上了大盆的红烧兔子和煮得软软的农家蔬菜。我们称赞老板手艺好，生意也好，一定赚得多。

老板却把铜壶放到一旁的桌上，显得有几分激动。他说，我这房子是租人家的。我不是本地人，我是山那边仁寿的。钱也还是能赚一点，可都是给房东打工。我两口子起早摸黑，还不如房东天天睡到自然醒挣得多。你说世间的事哪有公平二字？我那个房东，就住在前面镇上，天天喝茶打麻将，小酒儿喝起，歪录像看起，神仙一样的日子。我呢，要收兔子，要算成本。客人多了，忙不过来；客人少了，更愁，怕挣不到钱。唉，看你几位老师也是有文化的，你说，这命哪，怎么就这么不一样？说起来，我们家离这里满打满算也就三四十公里，就隔了一匹二峨山……

在籍田镇某条半边街一侧，突然出现了一块农田。农田出现得很突兀，很不合时宜，就像一篇温柔敦厚的情书里，突然出现了他妈的三个字。不过，幸好是春天，春天的生机弥补了一切，它甚至让这块差不多相当于败笔的农田，成为锦上添花或是画龙点睛的一笔。

因为，这块春天的农田里，种满了油菜花。大片的油菜花就在街道的一侧。想想吧，也只有小镇才会有这样的对比：一侧，是楼房，是超市，是汽车，是茶坊，是酒店和修摩托车的飘着汽油味的店子；一侧，却是油菜花，和浮在油菜花上的蜜蜂与蝴蝶。当然，还有春天的下午，一浪一浪的阳光。

我看到油菜花与街道交界处的一小块零乱的空地上，摆放着几十只蜂箱，以及一顶用汽车篷布搭起的窝棚，放蜂人睡在窝棚前的一块塑料布上，他的枕头是两块红色的砖。他睡得正香，隔着老远的距离，我似乎也能听到他的鼾声。他的鼾声和蜜蜂飞舞时搅动气流的嗡嗡声交织在一起，要比一旁公路上呼啸而过的汽车声更加响亮，也更加肆无忌惮。是的，能够在这样的阳光下和这样的油菜花地里睡个安详的午觉，这不是每个人都能做到的。

当我走近他时，我真的看到有几只蜜蜂绕着他的面部在超低空飞行，饶有兴趣地像在探险。放蜂人整天与甜味打交道，蜜蜂自然会被吸引过来。我想起古人的词：黄蜂频扑秋千索，有当时、纤手香凝。不由哑然失笑。古人说的自然是个年轻美丽的女子，而面前睡着的这个人，却是一个有几分蓬头垢面的长身大汉。

我在地里拍了几张照片，又把相机对准睡觉的放蜂人时，他却醒了，打着哈欠，伸着懒腰。他问我，要买点蜂蜜吗？正宗油菜花蜂蜜，好得很呢！听他口音，不像四川人。

就买了一瓶蜂蜜，白色中带有微黄，像是小时候过年时，家里熬的猪油。

和放蜂人闲扯了几句，放蜂人说，他是陕西的。某个师专中文系毕业后，当过几年老师，后来嫌那工作太呆板太教条，当然更主要是看不惯不学无术的校长，吵了几架，一怒之下就把工作辞了，跟着父亲做了放蜂人。父亲死了，他就独自上路。每年冬天，他都要运了蜜蜂，从云南边境开始，一路追着鲜花向北而行。他经过了云南、贵州，现在是四川，然后还要一步步回到陕西。他的生活和工作就是这样，踩着鲜花走。也跟着温暖的太阳走。蜜蜂需要鲜花，也需要温暖瓷实的太阳。

钱挣得也不多，一天天都在野外。不过，图的就是个清净、自在，能睡个午觉。放蜂人点燃一根烟，吐出一大团烟雾，他的有几分沧桑的老脸，隐在烟雾后面，像个传说。

某人是个工作狂。那时她还是某家杂志社的主编，一天到晚，事无巨细，总是忍不住要去办，要去管，要去问。东山大道上的那个春天，有多少回她想去却没法去。只有到籍田拍油菜花那次，她倒是去了。我们的计划是，拍了油菜花，然后去正兴。正兴镇上，泥鳅是很好吃的。想起用嫩嫩的青莴笋烧出的肥肥的泥鳅，当然还有泥鳅吃完后，再加进去的豆腐、血旺、豆芽和带皮，忍不住让吃货涎水四溅。

但是，就在我和放蜂人一边抽烟，一边东拉西扯说些闲话时，某人接到一个电话。她抱歉地说必须赶回去，给某个大客户做的专题策划，人家要上门来讨论呢！客户第一，油菜花第二，至于泥鳅，只能第三或者第四了。

我向放蜂人告别，放蜂人大约也听到了某人刚才所说的必须立即赶回去的话，他笑了笑，你看看，你们城里人，总是比我们忙。要说忙，谁忙得过蜜蜂呢？可蜜蜂再忙，它们也总是有时间出来拈花惹草的。

放蜂人的话让我意外，尽管他读过师专，可这话也太书面太诗意了。我问他，你以前一定爱过文学吧？

他笑了，写过几天诗，不过，早就不写了。

我们驱车远去时，回过头一望，放蜂人重又躺到了那块塑料布上，脑袋仍然枕着那两匹像是从旁边工地上捡来的红砖。春日的阳光盖在他身上，蜜蜂在飞，油菜花在开，远处有一只风筝升上了天空。一切，都像从前的某个场景，既熟悉，又陌生。

元通，清明的光阴

光阴催逼，岁月如蹄，在它从不停息的闪跳腾挪中，红了樱桃，绿了芭蕉。大地青了又白，白了又青。从前，寒暑转换，四季分明，人类在二十四节气的循环往复中，从容缓慢地安排营生。如今，在城市腹心，炎凉难辨，全年如春。幸好，尚有一些难以察觉的小细节，告诉我们冬天如何撤退，春天如何叩门。

　　许多年过去了，放蜂人已成为南方唯一的游牧民。他们从南而北，一路追逐鲜花和春天。他们暂住的若干个节点中，成都平原无疑是最重要的一个。在这里，他们大多会停留一个月左右，为的是平原上热烈而喧嚣的油菜花。在崇州，有一条名为重庆路的乡村公路，汶川大地震后，因重庆援建而得名。这条近百里的公路，起于白头，止于安龙，因为油菜花，被称为最美乡村公路。

　　我犹记得，每年春节之后，大地回暖，油菜花金黄如酥。重庆路两侧，除了交错纵横的油菜花，还有隔三岔五的樱花、杏花、梨花、桃花点缀其间，加以长年葱绿的竹类和白墙青瓦的民居，大地像一方巨型调色板。斯时，城里人呼啸而至，如同在地下压抑已久的岩浆，渴望一次恣意的喷发。重庆路两旁幽暗的油菜花田里，临时搭起若干色彩鲜艳的帐篷，提供茶水、小吃、简餐，当然还有成都人不可三日无此君的麻将。于是，油菜花淡淡的药香里，响起了稀里哗啦的麻将声。踏青就是把麻将桌从城里搬到乡下，从茶坊搬到田野。这使我想起刚看过的江苏兴化千垛的水乡油菜花。花是好花，水也是好水。更妙的是，它的水乡油菜花与全国它处的油菜花——诸如著名的罗平、婺源、青海湖、汉中——都绝不相同，它是全国唯一大面积种在大小不等的水中土垛上的油菜；然而整个景区却甚少服务业。设若在成都，油菜花深处的河汊中，一定会有酒帘茶引、烧烤雀戏。

我们要去元通。导航出了点小问题，提前把我们导下了高速。下高速的地方有一个熟悉的名字：白头。也就是重庆路的起点。从崇州到白头，相当于重庆路的序篇或延长线，短短几公里路途，便看到三顶放蜂人的人字形窝棚。窝棚旁边，摆放着若干深色的蜂箱，一大群蜜蜂飞来飞去，它们是阳光下的劳动模范，从事着甜蜜的事业。

油菜花几乎全都凋谢了，结出沉甸甸的籽实，油菜秆被籽实所压，一律弯着腰，从远处看，密如淡绿色的地毯。

少量还没全谢的小黄花，像是趴在地毯上的虫子，风一吹，虫子就在地毯上蠕动起来。有时候，地毯忽然被剪出一个奇形怪状的洞，不用问，那是油菜地里，深陷的一个小小的池塘。蛙声淋漓，和着一阵阵仓庚的脆鸣，有如二重奏。早樱已谢，枝头缀满小小的果实，晚樱却还在抓住最后的机会热烈开放，吐出粉白、浅红的花。生命的凋零与盛开就在咫尺之间首尾相继、此伏彼起。

白头这个地方，我曾来过数次，我的一个朋友的老家就在镇尾。我记得，他家的房子外面便是无边无际的油菜地。地里，间或生长一两棵高大的树，树名桤木，老杜在他的诗里写过的："桤林碍日吟风叶，笼竹和烟滴露梢"；又说，"饱闻桤木三年大，与致溪边十亩阴"。总之，桤木这东西，滥贱易长，才不堪用，却有另一大好处，那就是大凡被高大树木所遮蔽的庄稼，往往长势不佳，唯独桤木不然，它的叶子落入泥中迅速腐朽，如同旧社会，且具有比农家肥更良好的肥力。川西坝子上的农人，大抵爱在田间地头种几棵。苏东坡被流放到黄州，思念蜀中风物，其中念念不忘的就有桤木。为此，他专门书写了杜甫那首七律，在笔墨的浓淡涂抹中，寄托对家山故国的眷恋之情。

　　那也是一个春天，我和这个姓何的朋友从西门出城，下了高速后，进入白头的乡间小路，两旁不时可见高大的桤木，一副要碍日吟风的样子。后来，我们穿过两根田埂来到何朋友老家的院子，他八十岁的老娘刚从白头街上打了牌回家，热情地沏茶点烟。我们就坐在何朋友家的院坝里，院坝前的空地上，有一株橘子树和两株桤木。橘子树上，去年没有采摘的红橘大多掉落在地上腐烂了，空气中有一股甜蜜而腐朽的滋味，像是人生的某种隐喻。

白头本是被农田包围的一个极小的乡场，街道短狭，平日人甚稀少，土狗见了生人生车，也要追上去猖猖而吠。这天，却出奇地热闹。街道上挤满了人和车，土狗夹尾远遁，危立于一座小土堆上恨恨地张望。甚至，还有几个歪戴帽子的协警在维持交通。他们背后的墙上，写着红字标语：远离艾滋有良方，出门不沾毒和娼。转角处，又看见一张厚大的纸板，上面写着几个极大的字：白头春台会。

刹那间明白了何以平日人少车稀的白头，今天却人潮如堵。原来都是赶春台会的。春台会，其实就是庙会，又称"清明会"。农耕年代，最重要的是不误农时。春耕夏耘，秋收冬藏，一切井然有序。二十四节气里，清明是重要的："万物生长此时，皆清洁而明净，故谓之清明。"换言之，清明是一个生长的季节，一个拔节的季节，一个充满蓬勃的野性力量的季节。清明前后，农人们便以清明会的方式作为农资交易会，大凡种子、农具、耕牛，都是清明会上的重要交易物。

如今，当农耕越来越式微，清明会便成了乡村旅游的号召和由头。我见过都江堰的清明会安排，几十个乡镇轮流办转转会，从正月初七，一直排到清明。严格讲来，这种由政府主导的办会，已经与乡村自发的清明会相去甚远了。

与元通相比，白头的清明会虽然也热闹非凡，但其实要差老远一截。

从地图上看，同为崇州市下辖镇，元通在白头西北。这意味着元通比白头更处于平原边缘地带。事实上，当我们费力地穿过了正在举办清明会的白头街道，重又回到绿色的包围中——无边的绿色中，只有一条灰色的公路在挣扎，远远地，已经能看到山的轮廓了。那是邛崃山余脉。即至抵达元通，山已近在咫尺。

邛崃山发源了难以计数的沟涧溪流，那些在地下埋没了千年万年的好水，一旦有机会出头，都迫不及待地流出山峦。在山地与平原的交汇地带，形成了岷江上游一系列长长短短的支流。其中，文井江流出层层叠叠的大山后，在元通附近吸纳了五里河、味江河、泊江河和沙沟河等支流，众水归一，始成一条粗具规模的大江，称为"西河"。西河在成都平原腹地以西北—东南走向斜斜划过，于新津注入岷江干流。

西河风平浪静、江阔水深，昔年，那些从新津，甚至更为遥远的眉山、乐山出发的船只，一直溯流而上，它能抵达的最后一个码头就是元通。元通的重要与繁华也就是板上钉钉的事：毕竟，这个水陆码头，它背靠的邛崃山的众多镇子，它们出产的山货与粮食，都得通过元通运出去；本地不产的食盐、布匹和洋货，也得通过元通运进来。运出去与运进来之间，海量的吞吐喂壮了镇子。

元通的清明会远近闻名。这里地处多个乡镇的接合部，是中心，是历史成就的集散地。白头只有盲肠似的一条小街，元通却街巷纵横，沿着西河冲积而成的小平原，方方正正地布局在河畔。甚至，清明会期间的元通，就连满是卵石的河滩，也成为商业区，细心地划分出摊点和人行道。

在清明会的元通主街行走，需要力气和技巧。人来人往，摩肩擦背，各种声音交织在一起。尽管只有一点昏黄的太阳吊在头上，只走了半条街，我的背上竟渗出了汗水。

元通的民居，大多是保存还算完好的老屋，从色彩上说，原本是灰色和黑色为主。春天的小雨来时，这样的色彩和建筑原本最容易让人生出冷清、寂寥的伤感，但临时布置的彩球、灯笼，以及年轻女子鲜艳的服饰，当然更重要的是

来来往往的人流，它们让清明时节的元通与它的任何一个时节都迥然不同。

　　我在镇上闲走，打量着近在咫尺的生活。

　　最能体现元通地处山麓特点的，是几家卖竹器和木器的商铺。竹编的锅盖、筲箕、笆篓、蒸笼，木做的水桶、长椅、矮凳，整齐地码放。竹器带着竹子的青色，木器也没上油漆，全是木头的暗黄。都是一些原生态的东西。一个卖菜墩的中年人，大概来迟了，没找到摊位，拉着一车暗黄色的菜墩在街上艰难地迂回而行。菜墩比一只脸盆还大，分明是用原木锯成的。也只有更远更深的大山中，还能找到这么粗大的树墩了。

一个走乡串镇的江湖医生，他面前的地摊上，陈列的东西让人吓一大跳：蛇、蜥蜴、穿山甲、乌龟、壁虎——幸好都是标本。一个老头坐在江湖医生面前的小马甲上，高高地挽起裤腿，江湖医生用一种气味古怪的药酒为他缓慢而又用力地擦拭，像在处理一件脆弱的出土瓷器。

一个中年妇女在卖气球，气球均是各种卡通形象，熊大熊二光头强，天线宝宝喜羊羊。儿子大叫着一样来一个。中年妇女不小心没抓紧系气球的线，几只气球竟然平地飞升，她急忙去抓，却又将另外两只气球也放掉了。熊大熊二光头强慢慢高过人头，高过灰色的民居，路人一齐抬头仰望，发出幸灾乐祸的嬉笑。中年妇女涨红了脸。

剃头匠是个眼镜，他手里捏着锋利的剃刀，是用来剃光头和刮胡须的。剃刀在阴郁的阳光下，偶尔会反射一道光芒，就像沉默寡言的人，突然暴喝一声，让人悚然一惊。剃头匠正在给一个老人刮胡须，人声鼎沸中，似乎能听到剃刀刮去长长的胡须时发出的哗哗声。它让我想起元通郊外那些长势良好的麦子，大约再过一个多月，它们也会在农人镰刀的飞舞中，发出同样的哗哗声。那时候的元通，将会被小麦的清香结结实实地包裹。

剃头匠隔壁是卖肉的。大多数杀猪匠都肥胖而油腻，像我的朋友蒋雪峰。但这个杀猪匠却瘦弱、文静，似乎还有某种程度的羞涩。肉是他在卖，钱却是他的女人在收。一个太婆挤到肉摊前买肉，忧郁的杀猪匠操起一柄修长的尖刀，轻轻划进猪肉，厚厚的猪肉如一匹丝绸，整齐地裂开，露出红的骨白的膘。

一个留着山羊胡的老头，蹲在河滩上，他的面前，蹲着另一个老头，也留着胡须，但不是山羊胡，而是络腮胡。山羊胡仔细地掐着手指头，好像他的指尖正好抓住了一只为非作歹的跳蚤。他在为络腮胡算命。络腮胡表情紧张、严肃，如同即将听到法官判决的罪犯。

随着手指的掐来掐去，山羊胡闭上了眼睛。半晌，他睁开眼，对络腮胡滔滔不绝地说话——我听不清楚他的话，只能看到，络腮胡的表情渐渐松弛，终于露出一朵苍老的笑。阳光移过来，落在他脸上，他的笑似乎也染上了菜墩一样的暗黄。

若是航拍元通，便能看到一片片青瓦的屋顶在阳光下闪烁不易察觉的黝黑之光，如同岁月让皮肤变得粗糙。倘是雨后，这些青瓦的屋顶又另有一种盎然的古意。被雨水湿透的

青瓦，它们的黝黑之光终于为雨水所擦亮，但亮得小心，亮得谨慎。如同元通镇从前那些大户人家，纵使家财万贯，依然布衣蔬食，遇见最穷的邻居也要含着笑、打着拱。

这些青瓦的屋顶属于会馆。会馆是一种很传统很中国的东西。农耕时代，家乡观念浓厚，跨省跨区做生意讨生计的人，大多会修一座会馆，作为款叙乡情之所在。从前的元通，商贾云集，五方杂处，本地人外，外省前来经商的，势力最雄厚、人数也最多的当数广东人和江西人。广东和江西商人，便在镇上修建了精美的会馆。人们把它们叫广东会馆、江西会馆。

其中一家会馆已经变身民宿，幽静的院子，点以花草，顿时老院子也便焕发了生机。一个年轻的服务员，坐在一树茶花下打瞌睡。是的，春天的下午总会有一种莫名其妙的惆怅，需要用漫长的睡眠来对冲。

我在一张椅子上坐下来。被雨淋湿过的围墙青砖，长出了细小的青苔。一只蜗牛，托举着沉重的壳，如同一个凡人托举着沉重的肉身，在青砖之下的角落里，小心而执着地爬行。两只黑头蚂蚁，发现了一条死去的青虫，它们快活的用触须交换意见。然后，一只蚂蚁快速超越了蜗牛钻进墙边的小洞。一会儿工夫，一只两只三只……几十只蚂蚁从洞里钻出来，排成纵队，兴冲冲地朝青虫爬去。肥大的青虫终于被几十只蚂蚁拖起来。而蜗牛，还在不知疲倦地爬行。是的，在最偏远的古镇上，哪怕最卑微的生命也有自己的目标。

四川多茶馆，水陆码头这样的交通要津，尤其多。元通即是。当年，当元通还是舟船能够抵达的西河最上游，还是邛崃山中若干乡镇的出口与通道时，星星点点的茶馆里，南来北往的商人在热烈而谨慎地交流，以便达成买卖协议；闯江湖的好汉在这里向当地袍哥大爷打招呼拿言语。白天，它是人声鼎沸的会所；夜晚，在结束了川剧坐唱或是评书表演后，它又是供人歇息的客栈。

但现在，元通的茶馆只有喝茶休闲的功能。我穿过黄氏公馆，走进邻近一家深暗的大院，庭院里长满杂草，空无一人，一只燕子斜飞过屋顶，颇有几分空梁落燕泥的孤寂。就在这时，我听到外面传来喧哗的人声，走过一道月形的门，原来，门外是河边的茶馆，坐满了茶客。

河边茶馆的茶客，多是游人，一眼就能看出来。他们总爱掏出手机，自拍，他拍，互相拍。即便在喝茶，其实喝茶也只是个名义，是为了有一把椅子，坐下来，背朝流淌的西河或是凝固的街道，留几张到此一游的片子。发在朋友圈，表明自己也是一个懂生活且热爱生活的达人。

本地茶客却有他们的去处。那也是一座老旧的公馆，公馆的主人，曾是赫赫有名的大人物——至少，比那些聚在他的故居喝茶打牌的所有茶客的名头加在一起还要大。主人名叫王国英。青年时，应举子业，屡次不中，愤而弃文从武，后来得中武举。与王国英同时代的崇州人中，有一个名气和影响都在他之上的人物，那就是曾任陕甘总督，进封一等昭勇侯的杨遇春。王国英中武举后，跟随杨遇春进兵回疆，平定了张格尔叛乱。鸦片战争爆发，王国英主动请缨，授为参将，率军守宁波。然而，宁波之战却遭遇滑铁卢，王国英兵败被俘，终为英军所害。凶讯传至京师，道光追封他为忠勇公，并题词称颂：马革裹尸才算死，麟编载笔俨如生。

王将军的府第很低调，从外形看，远不如元通其他几位要人的官邸。保存完好的四合院，小小的，一个天井，漏下了正午的阳光。歪着头，还能看到这方窄窄的天空中，一朵云在追逐另一朵云。

王将军故居现在是一家茶馆。里面喝茶的，一望而知都是本地人。他们几乎不掏手机，不自拍，不他拍，更不互

拍。他们安静地喝茶、聊天，带着浓重的方言口音。也有一两桌打麻将，打麻将的人也不出声，只能听见麻将牌放到桌子上发出的脆响，以及十来分钟才会响起一次的哗啦哗啦的洗牌声。四围的墙上悬了几幅字画，均已破旧不堪。有两幅，中间裂了洞，我极疑心是夜半时分老鼠咬坏的。一只肥胖的黄猫，伏在竹椅上，旁若无人地睡大觉。有不称职的猫，才有肆无忌惮的鼠。

夜晚的元通，不多的游人早已四散离去，元通又回到了土著的元通、农业的元通。宽阔的街道空荡凄清，有一种从繁华突归荒芜的猝不及防。这里仍保持着农耕时代的习惯：早睡早起。九点钟，除了三两家茶馆还有人做方城之戏，就只有生意清淡的夜宵摊子，在苦苦等待前来觅食的夜猫子。路灯昏黄如草纸，一群自怜自爱的蛾子在灯光下飞舞，而捕捉蛾子的蝙蝠快速地盘旋，像是移动在空中的一块块小小的黑布。古镇沉入梦乡。偶有起夜的人，把木楼踩得吱吱作响，其间伴随着小儿的夜啼声和年轻母亲带着倦意的安抚声。清凉的河风从河堤下吹来，成为这些人间声音的天籁背景。寒影孤灯，呆坐在小旅馆的窗前，我似乎听到了一座镇子和一种生命存在方式的空寂与无穷无尽……

第二天一早，我们穿过古老的街道返程。大多数商铺还未开门，除了老茶馆的老虎灶正冒着腾腾的热气，空气中弥漫着因靠近大山而必备的春天的寒意。

路过某座深宅大院，大门洞开，空无一人，我看到一株高大的香椿在风中呆立，枝条上都是近几天才站上去的嫩芽。这样的嫩芽是用来炒蛋的绝佳食材，几乎每个川西平原上的家庭，春天的餐桌上都会有这相同的一道菜：椿尖炒蛋。但这株深院里的香椿，它的嫩叶居然无人采摘。被遗忘的美味挂在梢头，像被埋没的才子隐身市井。

我想起那年去何朋友家，他的母亲在让过茶让过烟之后，又灵巧地闪进厨房，一会儿工夫，竟端出一大盘椿尖炒蛋。何朋友说，我们要回城吃饭，不在家里吃。他的母亲慈祥地笑着，脸上的皱纹拥挤着，迅速向两眼靠近。她说，我晓得的。这是上午刚刚摘的椿芽，你最爱吃，尝几口吧。于是我们就坐在那方小小的院坝里，吃椿叶，说闲话，听一只无聊的黄鹂，站在院坝外最高的那棵楠竹树梢轻一声重一声地叫。

又一个春天到来时，我又一次来到何朋友的老家。这一次，当然没有椿尖炒蛋。这一次，是上一年春天为我们做椿尖炒蛋的老人，在一个春雨润物的黎明驾鹤西去。

八十多岁的高龄，乃是民间所谓的喜丧。但其实，哪怕一百岁的老人去世，无论如何，也称不上喜。所谓喜，是为了安慰活着的人。因为只有活着的人活着，死去的人也才活着。

依旧是春天，依旧是原野上大片盛开的油菜花，依旧能看到生机勃勃的香椿和梓木。甚至，站在楠竹梢头那只黄鹃，我猜，多半也是去年的那一只。去年那首曲子，我们没听完，此刻，它再次登台表演。

我们在何朋友家行礼如仪，之后，告别了何朋友回城。走过那条两百米长的田埂，春天的雨水洋洋洒洒，几只蜜蜂像是慌着回家避雨，与我们匆匆地擦身而过。春天总是这么忙碌。生与死，荣与枯，艳与寂。以阴以雨的清明，开花开朵的清明，就那么匆匆而过。那些无人采摘的椿芽，它们会在两三场春雨过后，以一种令人难以置信的速度老去。

后
记

POSTSCRIPT

　　我是小地方来的。十岁以前，我在四面漏风的村小上学。十岁到二十岁，在沱江畔的两座小镇念到高中毕业，然后，又到一座更大的镇——城关镇——补习一年。

　　对一个乡下孩子来说，镇不仅是微缩的城，它还意味着高悬于乡村之上的、另一种可望而不可即的幸福生活。只有两条街和一些吊脚楼的古镇，曾寄托了我对城市最初的想象和热情。那时候，我的理想是在镇上有一份工作——肥腻的厨子、矜持的司机，或是冷漠的卫生院医生，都行；关键是要在临河的街道有一间小屋，白天上班，夜晚写诗。那就是我想要的幸福。

当然，后来的情况与预期的不同。二十岁以后，我走出小镇，也更加远离了原初的乡村。在自贡的工厂谋生数年后，终于有一天，我坐上一辆绿皮火车来到成都。

　　算起来，我在这座原本是他乡的城市已经生活了整整二十年。

　　这是一生中至关重要的二十年。日子如同握不住的流沙，我从青年变成中年。随着对这座城市的了解、熟悉和深入，我想，我大概也能算成都人了。

　　这些年，我为成都写过不少东西。我的两部长篇小说的背景，都设定在成都。小说里，它叫西都，是一座喧嚣而又充满活力的城。与之相比，我从前生活的小镇，单纯、弱小，像一茎小草之于一棵大树。

　　小镇的成长史对一个人的影响是潜在的、恒久的。这么多年来，我喜欢的不是城市宽阔的大街，而是小镇狭窄的老巷；钟情的不是后现代风格的高楼，而是门掩黄昏的庭院。庞大的城市像飘浮在空中的云朵，伸手可及却又永不能及；而小镇，如同左邻右舍的脸，皱纹间都是熟悉的生活和处变不惊的日常节奏。

　　套用我的老师张新泉先生的一句话——我以为，小镇离人间烟火与骨头内部更近。

所以，有一天，我突然想为成都的小镇写本小书。不谈风光，不谈历史，不谈民俗，不谈美食，只谈我观察的，或是亲历的小镇故事，以及在那里，有怎样一些生动而卑微的人生。

成都恐怕有一百座小镇吧？我只写了其中的十多个。唯一的选择标准就是和我有关。

总之，我来了，我看见，我说出。

如此，而已。

另外，书中照片除《山泉：一朵桃花，一朵雪花》为嘉楠先生所拍，其余均为我自己所拍。

2018 年 11 月 6 日成都之南

图书在版编目（CIP）数据

光阴纪 ：成都小镇书 ／ 聂作平著 . —— 成都 ：成都
时代出版社 ，2018.12

ISBN 978-7-5464-2220-6

Ⅰ . ①光… Ⅱ . ①聂… Ⅲ . ①乡镇－地方文化－介绍
－成都 Ⅳ . ① G127.715

中国版本图书馆 CIP 数据核字（2018）第 235431 号

光阴纪：成都小镇书
GUANGYIN JI : CHENGDU XIAOZHEN SHU

聂作平　著

出 品 人　李文凯
责任编辑　李卫平
责任校对　张　巧
装帧设计　九天众和
责任印制　唐莹莹

出版发行　成都时代出版社

电　　话　（028）86742352（编辑部）
　　　　　（028）86615250（发行部）
网　　址　www.chengdusd.com
印　　刷　四川华龙印务有限公司
规　　格　140mm×210mm
印　　张　7.75
字　　数　130 千
版　　次　2018 年 12 月第 1 版
印　　次　2018 年 12 月第 1 次
书　　号　ISBN 978-7-5464-2220-6
定　　价　45.00 元